PRECISAMOS FALAR DE CONSENTIMENTO
Uma conversa descomplicada sobre violência sexual além do sim e do não

© das autoras, 2024
© Bazar do Tempo, 2024

Todos os direitos reservados e protegidos pela Lei nº 9610, de 12.2.1998. Proibida a reprodução total ou parcial sem a anuência da editora.

Este livro foi revisado segundo o Acordo Ortográfico da Língua Portuguesa de 1990, em vigor no Brasil desde 2009.

Edição **Ana Cecilia Impellizieri Martins**
Coordenação editorial **Joice Nunes**
Assistente editorial **Bruna Ponte**
Copidesque **Eliana Moura**
Revisão **Marina Montrezol**
Projeto gráfico **Bloco Gráfico**
Assistentes de design **Lívia Takemura, Stephanie Y. Shu**
Acompanhamento gráfico **Marina Ambrasas**

CIP-BRASIL. CATALOGAÇÃO NA PUBLICAÇÃO
SINDICATO NACIONAL DOS EDITORES DE LIVROS, RJ

S31p
   Scarpati, Arielle Sagrillo
      Precisamos falar de consentimento: uma conversa descomplicada sobre violência sexual além do sim e do não / Arielle Sagrillo Scarpati, Beatriz Accioly Lins, Silvia Chakian.
      1ª ed. Rio de Janeiro: Bazar do Tempo, 2024.
      184 p.; 23 cm.

ISBN 978-65-85984-08-9

      1. Consentimento sexual. 2. Mulheres – Condições sociais. 3. Violência contra mulheres – Aspectos psicológicos. I. Lins, Beatriz Accioly. II. Chakian, Silvia. III. Título.

24-92886   CDD: 364.153   CDU: 364.633

Gabriela Faray Ferreira Lopes, Bibliotecária, 7/6643

Rua General Dionísio, 53, Humaitá
22271-050 – Rio de Janeiro – RJ
contato@bazardotempo.com.br
www.bazardotempo.com.br

Arielle Sagrillo Scarpati, Beatriz Accioly Lins, Silvia Chakian

PRECISAMOS FALAR DE CONSENTIMENTO

Uma conversa descomplicada sobre violência sexual além do sim e do não

O estupro drena a luz [...]. E, além de drenar a luz da vida das vítimas, tende a drenar a luz de uma conversa sensata. As discussões sobre estupro são muitas vezes irracionais, quando não totalmente bizarras. É o único crime diante do qual as pessoas reagem querendo aprisionar as vítimas. É o único crime que é tão ruim que se supõe que as vítimas serão irreparavelmente destruídas por ele, mas ao mesmo tempo não tão ruim que os homens que o cometem devam ser tratados como outros criminosos.

Quero deixar que volte a entrar alguma luz.

— SOHAILA ABDULALI, *Do que estamos falando quando falamos de estupro* (2019)

O antídoto para o estupro é o consentimento, que se tornou o padrão ouro para todas as coisas sexuais. Isso é ótimo – ou ao menos deveria ser, se não fosse pelo fato de que a maioria de nós sabe quase nada sobre consentimento [...]. O consentimento é atualmente a melhor ferramenta que temos para interagir como iguais, mas não é uma cura para tudo; é mais complexo do que pode inicialmente parecer porque consentimento está sempre atrelado a outras normas sociais.

— MITHU SANYAL, *Rape: From Lucretia to #MeToo* (2019)

1

UM LIVRO-DIÁLOGO E AS ZONAS CINZENTAS

10

O direito de compreender
23

Este livro também é para os homens?
24

Um aviso sobre gatilhos
25

2

CONSENTIMENTO É MESMO UM CONCEITO SIMPLES?

26

Críticas feministas ao consentimento: uma variedade de abordagens
34

Antimanual: não há respostas fáceis para situações sociais complexas
41

3

O #METOO MUDOU O MUNDO?

44

#MeToo: a *hashtag* que
mudou o mundo?
45

E no Brasil?
51

Manada de lobos:
a Espanha é aqui?
57

As leis "*sim é sim,
não é não*"
59

As leis californianas
61

Idade para o consentimento
sexual: variações na história
e no mundo
64

4

MITOS SOBRE ESTUPRO E ABUSOS SEXUAIS

66

Mitos de estupro e o
"estupro real"
73

Mitos de estupro:
usos
78

Seriam os mitos de estupro
realmente mitos?
80

5

O QUE A LEI BRASILEIRA DIZ (E NÃO DIZ) SOBRE CONSENTIMENTO
100

Noções gerais
101

Descomplicando o juridiquês: depende
104

Alguns requisitos básicos para que o consentimento seja juridicamente válido
106

Mulheres e direitos: de bruxas a vítimas, um caminho inacabado
115

Os crimes sexuais
124

Os crimes contra a dignidade sexual no Brasil
125

Do que estamos falando quando definimos estupro e estupro de vulnerável?
127

O problema da prova: o dilema da comprovação do estupro
129

E a questão da prova em casos de estupro de vulnerável?
135

Recapitulando: parâmetros jurídicos para a validade do consentimento sexual
136

Zonas cinzentas
137

A palavra da vítima nos crimes de estupro: desconfiança e revitimização
140

Outras tipificações penais importantes (e recentes)
144

Violências invisíveis ou invisibilizadas?
149

6

CONCLUSÃO

150

Além do "sim" e do "não": consentimento não é simples como chá ou batata frita
151

Consentimento sexual não basta: a "cilada do consentimento"
156

INFORMAÇÕES ÚTEIS

165

Como ajudar uma vítima de violência sexual?
165

Direitos das vítimas e Lei do Minuto Seguinte
168

Alguns canais de denúncia e acolhimento em casos de violência contra mulheres e meninas
171

Institutos e iniciativas de dados e apoio
175

REFERÊNCIAS

178

UM LIVRO-DIÁLOGO E AS ZONAS CINZENTAS

Acreditamos que todo texto é um encontro e, por isso, faremos aqui uma série de convites, propostas e provocações sobre a noção de **consentimento sexual**, de modo que se torne possível utilizá-lo, em nosso dia a dia, de uma forma mais honesta, compreensível, realista, proveitosa e segura. Vamos explicar.

Quando se trata de sexo, prazer e violências, o discurso público atual tem centralizado os debates em torno do consentimento: "Sim é sim!", "Não é não!", "Depois do não, tudo é violência". Os exemplos – e slogans – são muitos. O consentimento tem sido tão universalmente defendido, que muitas vezes parece ser o único critério relevante para diferenciarmos as interações amorosas, sexuais e eróticas boas daquelas violadoras de nossos direitos.

Argumentamos aqui que o consentimento é necessário, mas não suficiente para dar conta de todas as questões que enfrentamos quando tratamos de sexualidade, mulheres e violências, por isso não deve ser o único critério para distinguir interações sexuais positivas dos atos agressivos, violentos e criminosos.

Ao falarmos de consentimento sexual, imaginamos dois cenários caricaturais e contrastantes. Um deles remete ao principal estereótipo ou mito associado à violência sexual: um agressor desconhecido em um beco escuro e vazio, forte e armado, diante de uma mulher que se debate, grita e sai bastante machucada. O outro cenário é o da relação consensual idealizada harmoniosa entre duas pessoas que se comunicam de forma clara e precisa, evitando quaisquer mal-entendidos, e cujas interações sempre proporcionam prazer mútuo.

Fato é que, na realidade, as experiências que vivemos são muito mais complexas, diversas e cheias de nuances do que esses cenários típicos dos slogans "sim é sim" e "não é não". E é dessas zonas cinzentas entre esses cenários imaginários e essas situações reais, ambíguas e difíceis de compreender que vamos nos encarregar aqui.

Temos caminhado, como sociedade, na direção de conversas cada vez mais frequentes, urgentes e, não podemos negar, desconfortáveis em relação às diversas violências cometidas contra meninas e mulheres.

As primeiras décadas do século XXI têm sido atravessadas pela efervescência de debates, demandas, discussões e denúncias. Nosso vocabulário e nossa sensibilidade têm se expandido para incorporar novos termos e novas definições de situações que julgamos indesejáveis e condenáveis no que tange à autonomia e ao bem-estar das mulheres.

Conversamos, cada vez mais, sobre diversas formas de assédio nas ruas, no transporte público ou no trabalho, sobre exposição de intimidade sexual das mulheres na internet e misoginia nas redes, relacionamentos abusivos e violências que não envolvem somente o lado físico (como a violência psicológica). Esses são apenas alguns dos temas que têm marcado o cenário corrente de nossas conversas coletivas, sobretudo no contexto internacional do movimento #MeToo, a respeito do qual falaremos com detalhes mais à frente, e da popularização do lema "meu corpo, minhas regras".

> O movimento **#MeToo**, iniciado em 2017, ganhou notoriedade global quando mulheres começaram a compartilhar suas experiências de assédio e abuso sexual, especialmente na indústria do entretenimento, usando a *hashtag* #MeToo nas redes sociais.

A explosão de denúncias de casos de violência sexual envolvendo homens em posições de poder – como empresários, médicos, atletas, artistas e líderes religiosos – tem sido um ponto crucial dessa discussão. Além disso, há um crescente debate sobre a violência contra as mulheres nas universidades, entre outros exemplos igualmente pertinentes.

Nesse sentido, é emblemática a declaração feita em 2020 por Tedros Adhanom Ghebreyesus, atual diretor-geral da Organização Mundial da Saúde (OMS), durante uma das maiores crises recentes, a pandemia do coronavírus: "A violência contra as mulheres é endêmica em todos os países e culturas, causando danos a milhões de mulheres e suas famílias."

Em 2021, números divulgados pela referida organização demonstraram que, no mundo, uma em cada três mulheres (cerca de 27%) – um contingente de cerca de 736 milhões de pessoas – é submetida a violências domésticas e/ou sexuais no decorrer de suas vidas.

Essas violências, além de generalizadas, também começam cedo: o mesmo levantamento da OMS apontou que uma em cada quatro mulheres jovens (de 15 a 24 anos) já sofreu violência de seus parceiros.

Em 2023, o Brasil registrou o maior número de casos de estupro na história, segundo os dados do 18º Anuário Brasileiro de Segurança Pública: foram quase 84 mil ocorrências de estupro e estupro de vulnerável (quando a vítima tem menos de 14 anos). Isso significa que a cada seis minutos foi registrada uma denúncia de estupro pela polícia, um aumento de 6% em relação a 2022.

Considerando somente os casos que foram relatados e registrados às autoridades policiais, os registros de violência sexual aumentam a cada ano desde 2020. Desde 2011, o início da série histórica do Anuário, os registros de violência sexual cresceram 91,5%. É importante sempre lembrar que esses são apenas os casos que viraram registros policiais oficiais e que não refletem a totalidade de violências sexuais que de fato aconteceram. Esse tipo de violação ainda é profundamente subnotificado, isto é, poucas vítimas buscam as autoridades para registrarem as ocorrências. Precisamos utilizar essas informações sempre com cautela para não confundir o número de registros policiais com o número real de casos.[1]

No contexto brasileiro, os dados da 4ª edição da pesquisa *Visível e Invisível*, realizada em 2023 pelo Fórum Brasileiro de Segurança Pública,[2]

---

[1] Fórum Brasileiro de Segurança Pública, *Anuário brasileiro de segurança pública 2024*, São Paulo, 2024. Disponível em <https://forumseguranca.org.br/wp-content/uploads/2024/07/anuario-2024.pdf>. Acesso em 19 jul. 2024.

[2] O Fórum Brasileiro de Segurança Pública (FBSP) é uma organização não governamental criada em 2006, dedicada à promoção de políticas públicas de segurança baseadas em evidências. Realiza pesquisas e eventos que buscam diagnosticar problemas e propor soluções para a segurança no Brasil. (N. E.)

também revelaram que uma em cada três brasileiras com mais de 16 anos sofreu alguma forma de violência doméstica e/ou sexual ao longo de sua vida. Isso representa 33,4% da nossa população feminina, ou cerca de 21,5 milhões de mulheres, um número ainda percentualmente maior do que o comparativo mundial.

Já números produzidos pelo Instituto de Pesquisa Econômica e Estatística Aplicada (Ipea),[3] com dados referentes ao ano de 2019, retratam que o Brasil registra cerca de 822 mil casos de estupro por ano, o que equivale a dois estupros por minuto.

A pesquisa também apontou que apenas 8,5% dos crimes são registrados em boletins de ocorrência policial, e que somente 4,2% chegam ao conhecimento do sistema de saúde.[4] Em outras palavras, isso significa que não tomamos conhecimento, como sociedade, da maioria absoluta dos casos.

Alguns levantamentos trazem mais informações sobre o cenário do nosso país, e todas essas fontes que aparecem aqui entre parênteses podem ser encontradas na seção Referências, na parte final do livro. Vamos aos dados:

- 89% das vítimas são mulheres.[5]
- Em 67% dos casos que chegam ao sistema de saúde, a vítima é criança ou vulnerável.[6]
- Em 2023, 52,2% das vítimas de estupro no Brasil foram mulheres e meninas negras.[7]

---

3 Ipea, 2019.

4 O estudo "Elucidando a prevalência de estupro no Brasil a partir de diferentes bases de dados", publicado em 2023, se baseou em dados da Pesquisa Nacional da Saúde, do Instituto Brasileiro de Geografia e Estatística (PNS/IBGE), e do Sistema de Informação de Agravos de Notificação (Sinan), do Ministério da Saúde. De acordo com o Sinan, a maior quantidade de casos de estupro ocorre entre crianças e adolescentes, com o pico de idade aos 13 anos.

5 Ipea, 2014.

6 Fundação Oswaldo Cruz (Fiocruz), 2023.

7 Fórum Brasileiro de Segurança Pública (FBSP), 2024.

- Mais de 90% dos estupros, no Brasil, são cometidos por homens.[8]
- Um terço dos brasileiros culpa mulheres por estupros sofridos.[9]
- Apenas 1% dos casos chegam à condenação do agressor.[10]
- Carecem, no Brasil, de levantamentos estatísticos oficiais, sistemáticos e nacionais sobre a vitimização sexual de mulheres trans. Segundo pesquisas realizadas nos Estados Unidos, a população trans tem quatro vezes mais chances de passar por violências sexuais e físicas, quando comparadas com a população cis.[11]

Dados são fragmentos de histórias de centenas, milhares, milhões de pessoas. Eles não são um fim em si mesmo, mas meios a partir dos quais podemos compreender realidades, fazer diagnósticos e elaborar intervenções eficazes e eficientes. Cada um desses números, mesmo que subdimensionado, é uma história de violação a direitos fundamentais, muito provavelmente permeada de dores, sofrimentos e culpa.

E esses números, infelizmente, ainda são subestimados – ou seja, a realidade é ainda pior do que as estatísticas apontam, pois faltam levantamentos estatísticos específicos periódicos sobre as violências sexuais. Atualmente, conseguimos acompanhar a série histórica apenas dos casos que se tornam denúncias policiais. Essa diferença entre o número de registros oficiais e o de situações reais de violência sexual é chamada "índice de subnotificação".

No mais, quantos novos casos acontecem por ano? Quantos desses casos chegam ao conhecimento não apenas da polícia ou dos serviços de saúde, mas também da assistência social? Entendemos o que acontece

---

[8] Ipea, 2014.

[9] FBSP, 2016.

[10] Bunchmiller, 2016.

[11] Andrew R. Flores et al., "Gender Identity Disparities in Criminal Victimization: National Crime Victimization Survey, 2017-2018". *Am J Public Health*, v. 111, n. 4, p. 726-729, abr. 2021.

com os casos que não chegam aos serviços públicos? Conseguimos mapear a jornada das mulheres que buscam apoio público entre as opções fornecidas pelo Estado e estimar qual a taxa de eficiência de nossas políticas públicas no acolhimento dessas vítimas?

Fazendo uma comparação, por exemplo, com a violência doméstica, podemos utilizar os dados da Pesquisa Nacional da Violência contra a Mulher, realizada pelo DataSenado e pelo Observatório da Mulher Contra a Violência do Senado Federal, a maior e mais longa série histórica brasileira que mapeia opiniões e vivências das mulheres brasileiras. A Pesquisa Nacional é a nossa estimativa mais fiel do tamanho do problema em nosso país: os dados de 2023 atestam que cerca de metade das mulheres brasileiras acima dos 16 anos já passaram por alguma forma de violência doméstica. A Pesquisa Nacional quantificou que seis em cada dez mulheres que passam por violência doméstica não buscam as autoridades policiais.

Chama a atenção, também, que parte das mulheres brasileiras ainda não reconhece espontaneamente ser vítima de violência doméstica, mas afirma ter passado por situações de violência quando estimulada a responder se passou por determinadas circunstâncias. No caso da violência doméstica, a Pesquisa Nacional estima que três em cada dez mulheres que disseram não terem sido vítimas, quando estimuladas reconhecem terem vivido episódios de violação. Ainda é difícil para muitas mulheres nomear e reconhecer que estão passando por uma situação de violação de direitos. A isto chamamos "subnotificação desconhecida".

Em se tratando de violência sexual, sabemos que muitas vítimas sentem medo ou vergonha de procurar ajuda e, assim como as vítimas de violência doméstica, sequer reconhecem ou verbalizam o caso de violação. Muitas vezes, a vítima acredita que a violência pode ter sido causada por algum comportamento seu, por isso carrega um intenso receio das consequências de se manifestar. O medo de ser desacreditada ou questionada também convive com a vontade de querer esquecer o que aconteceu. Com frequência, a vítima está tão imersa nessa negação, que nem sequer reconhece que a experiência foi uma agressão ou violação e tem dificuldade de nomeá-la como estupro.

Não podemos deixar de mencionar, também, a descrença das vítimas nas instituições, que muitas vezes incorrem em revitimizações, discursos ou práticas institucionais que as submetem a procedimentos desnecessários, levando-as a reviver a situação de violência, também chamada de violência institucional.[12]

O tema do estupro e das diferentes formas de violência sexual contra mulheres é espinhoso, mas um dos pontos nevrálgicos da agenda de direitos, democracia e justiça do nosso tempo. É algo sobre o qual não gostamos de conversar, mas que precisa de atenção especial e dedicada.

Violências contra mulheres podem ser entendidas, resumidamente, como violações de direitos que acometem desproporcionalmente a população feminina, e costumam estar associadas a padrões e estereótipos de comportamentos desejados e esperados em meninas e mulheres. Exemplos típicos são a violência doméstica e familiar, bem como as diferentes formas de assédio e de violências sexuais.

As Recomendações Gerais nº 19 e nº 35 da Convenção para Eliminação de Todas as Formas de Violência contra as Mulheres[13] descrevem a violência de gênero contra as mulheres como violação "dirigida contra uma mulher porque ela é mulher ou que afeta as mulheres desproporcionalmente."

Pesquisa Nacional de Violência Contra a Mulher 2023:

---

[12] Brasil, *Pesquisa Nacional de Violência Contra a Mulher*, 2023. Disponível em <https://www12.senado.leg.br/institucional/omv/pesquisanacional#:~:text=O%20Instituto%20de%20Pesquisa%20DataSenado,de%20Viol%C3%AAncia%20contra%20a%20Mulher.> Acesso em 30 jul. 2024. Além disso, é importante ressaltar que os dados da pesquisa também estão disponíveis na plataforma Mapa Nacional da Violência de Gênero, que unifica as principais bases públicas de violência doméstica no país, sendo possível encontrar os registros oficiais feitos pelas áreas da saúde, da segurança pública e da justiça. Disponível em <https://www.senado.leg.br/institucional/datasenado/mapadaviolencia/>. Acesso em 30 jul. 2024.

[13] Comitê para Eliminação de Todas as Formas de Discriminação Contra a Mulher (CEDAW), 1979.

O Brasil é signatário de dois grandes tratados internacionais que dispõem sobre a responsabilidade do Estado de responder às violências contra as mulheres: a CEDAW, da Organização das Nações Unidas, criada em 1979, e a Convenção Interamericana para Prevenir, Punir e Erradicar a Violência contra a Mulher, também conhecida como Convenção de Belém do Pará, elaborada pela Organização dos Estados Americanos, em 1994.

Considerando, então, esse cenário de intensa violência contra mulheres em nosso país, **se você, mulher ou menina, não vivenciou uma ou mais situações de violência doméstica ou sexuais, provavelmente conhece alguém, ou mais de uma pessoa, que já tenha sofrido alguma dessas violações**. Afinal, esse é um problema generalizado e sistêmico em todo o mundo, cujos números são sempre alarmantes.

"

O consentimento não é a solução para todos os nossos problemas. Ele é o ponto de partida de muitas conversas necessárias, urgentes e inevitáveis.

"

VÍTIMA: UMA PALAVRA, MUITOS SENTIDOS

Na linguagem técnica do Direito, vítima é uma pessoa que denuncia oficialmente uma violação de direitos. É assim que a palavra aparece, por exemplo, em documentos oficiais das polícias e do sistema de justiça. Acontece que, em nosso dia a dia, esse termo assume significados mais complexos. Algumas pessoas sequer gostam de ser descritas dessa forma, como se essa palavra trouxesse consigo uma alta carga moral. É que, na realidade, ela traz.

Para muita gente, a palavra vítima mobiliza um imaginário de vulnerabilidade, pureza e impossibilidade de defesa. Esse tipo de visão costuma desembocar em posições que questionam o comportamento e as ações de pessoas que contam ter sofrido violências.

Existe, e é bastante popularizado, um imaginário frequente acerca da vítima. Em outras palavras, temos, como sociedade, expectativas muito evidentes sobre como alguém que sofreu uma violação deveria se comportar: de forma sofrida e vulnerável.

Esse imaginário muitas vezes está associado à ideia de uma pessoa parceira ou colaborativa, que busca justiça pela violência sofrida e cujo comportamento seria irreprovável. Uma vez que se espera que uma vítima se comporte e aja de determinadas formas, se a pessoa que sofreu uma violação não corresponde a esse ideal, logo questiona-se se ela de fato poderia ou deveria ser considerada uma vítima, ou se não estaria mentindo e manipulando a verdade.* Se a vítima se comporta de formas socialmente reprováveis ou parece ser uma pessoa autossuficiente, com algum poder, é negado a ela o status de vítima.

Algumas pessoas acham ainda que vítima é um termo negativo, como se fosse a qualidade (ou falta de) de alguém que se coloca em risco, que não se preserva ou valoriza, por isso teria arcado com tal risco. "Não tenho vocação para vítima."

A fim de evitar esse problema, pesquisadores/as, ativistas e profissionais, em especial em países de língua inglesa, preferem utilizar a palavra "sobrevivente", o que também suscita debates. No Brasil, essa abordagem nunca se popularizou. Neste livro, utilizaremos o termo "vítima" para nos referir àquela pessoa que relata uma violência sofrida.

---

* B. Accioly Lins, *A lei nas entrelinhas: a Lei Maria da Penha e o trabalho policial*, 2018.

Nosso objetivo neste livro é tratar das diferentes formas de violações sexuais sofridas de maneira desproporcional por meninas e mulheres. Mais especificamente, nos preocupamos em expandir as conversas sobre a ideia de "consentimento sexual" como principal – quando não única – métrica para a discussão do que seria ou não um sexo aceitável.

O consentimento parece ter se tornado uma métrica do desejável ou régua do saudável: padrão – moral, prático e jurídico – para as interações sexuais. Apontado como espécie de solução para problemas muito complexos, "consentimento" seria a diferença entre o elogio e o assédio, a paquera e a perseguição, o sexo e o estupro.

Embora seja um termo razoavelmente conhecido, muitas vezes ele é simplificado demais, incompreendido e problemático como principal parâmetro para diferenciarmos interações sexuais saudáveis e interações violadoras. Sinônimo de acordo, anuência, permissão ou, grosso modo, dizer "sim", o consentimento tem a pretensão de garantir a segurança das interações eróticas. Contudo, como muitos termos que se popularizam, o termo gera dúvidas e falsos entendimentos, abrindo espaço para ainda mais perguntas.

O impulso para iniciar este projeto foi uma preocupação compartilhada com muitas das abordagens que os debates sobre consentimento sexual têm adotado. O passado recente demonstra que não contamos com uma compreensão clara e incontestável de como o consentimento sexual é produzido, comunicado e negociado, e que nem todos atribuem o mesmo valor a ele – embora reconheçamos que seja útil, ele não é a solução para todos os nossos problemas. Pelo contrário, é o ponto de partida de muitas conversas necessárias, urgentes e inevitáveis para construirmos uma sociedade mais justa, democrática e respeitosa.

O DIREITO DE COMPREENDER

O sociólogo, arquiteto e urbanista franco-húngaro Yona Friedman[14] dedicou sua vida a pensar o encontro entre a linguagem dos direitos humanos e uma comunicação democrática. Friedman tinha uma preocupação especial com o diálogo didático, por isso desenvolveu uma série de manuais icônicos – publicações em quadrinhos produzidas em parceria com a Organização das Nações Unidas para a Educação, a Ciência e a Cultura (Unesco) –, em que ele defende que o **direito de compreender** deveria ser considerado um direito essencial tão fundamental quanto o direito à vida e ao bem-estar.

Para Friedman, e aqui concordamos com ele, estudiosos/as, especialistas e intelectuais deveriam se esforçar para se comunicar de maneira mais acessível e compreensível com a maior parte da população. Isso não significa renunciar à reflexão criteriosa do conhecimento, mas se dedicar aos esforços de comunicação como um dos pilares da democracia, representando conceitos sofisticados de forma simples. Este livro é uma tentativa nessa direção.

---

14 Yona Friedman (1923-2020) foi um arquiteto e urbanista húngaro-francês conhecido por suas teorias inovadoras sobre arquitetura móvel e espacialidade. Uma de suas obras mais conhecidas é *L'Architecture mobile* [Arquitetura móvel] (Paris: l'Éclat, 2020), em que propõe estruturas arquitetônicas móveis e flexíveis. Sua obra influenciou o pensamento arquitetônico contemporâneo, enfatizando a participação ativa dos habitantes na criação de seus próprios espaços urbanos. (N. E.)

ESTE LIVRO TAMBÉM É PARA OS HOMENS?

Quando começamos a escrever um livro, temos um público em mente, imaginado (e desejado). Neste caso, idealizamos um diálogo com jornalistas, pesquisadores/as, educadores/as, ativistas e jovens interessados na temática dos direitos das mulheres.

Ao longo do caminho percebemos que, na verdade, consentimento é um assunto que diz respeito a todas as pessoas, incluindo, é claro, os homens – afinal, estabelecer relações respeitosas e mutuamente prazerosas deve ser um compromisso de todos/as.

Associar o consentimento apenas a uma conversa que envolve predominantemente mulheres é algo baseado em uma percepção de gênero que estabelece uma ligação entre os homens como aqueles que tomam a iniciativa e as mulheres como as que concedem ou negam o consentimento. Essa visão pressupõe erroneamente uma série de questões que devem ser refutadas: 1) que, em caso de violências sexuais, vítimas são sempre mulheres e agressores são sempre homens; 2) que homens e meninos não podem ser vítimas de violência sexual; 3) que as relações sexuais se dão apenas entre homens e mulheres, ignorando as interações eróticas entre pessoas do mesmo gênero.

Além disso, essas percepções naturalizam a ideia de que a iniciativa sexual cabe aos homens, colocando sobre as mulheres o fardo de evitar a violência sexual, perpetuando a imagem da sexualidade das mulheres como algo frágil e que precisa ser protegido, ao passo que a sexualidade masculina seria uma espécie de força natural destrutiva que tem que ser domada e controlada.

Muitos homens também ficam surpresos e relutantes ao ser associados a situações de violação e abuso. Alguns argumentam que não perceberam que determinadas interações poderiam ser violentas ou criminosas. Embora reconheçamos que essa reação possa ser usada por aqueles que desejam evitar a responsabilidade, também acreditamos que muitos homens e meninos, assim como mulheres e meninas, possam estar confusos devido à falta de clareza e discussão abrangente sobre o assunto. Por isso, convidamos os homens a se juntarem a nós nesta conversa.

UM AVISO SOBRE GATILHOS

Sendo impossível falar de consentimento sem falar de abuso e violações, achamos importante lembrar que os **assuntos sensíveis** abordados aqui podem agir como gatilhos emocionais para lembranças, sentimentos e dores associadas a memórias. Por isso, leia com cuidado. Interaja com este livro de uma forma solidária e compreensiva consigo e com os outros. Reconheça e respeite qualquer desconforto, tomando o tempo necessário para retomar o conteúdo aqui apresentado. Se você se sentir muito ansiosa/o, triste ou assustada/o ao ler o livro, talvez seja importante considerar a possibilidade de procurar alguém de confiança com quem conversar. Inclusive, tente se comunicar com um/a profissional, se for possível. Falar é parte indissociável de processos de cura individuais e coletivos.

> Um **gatilho** é qualquer experiência que possa trazer sentimentos demasiadamente desagradáveis e reações emocionais poderosas e instantâneas, independentemente do seu humor naquele momento.

CONSENTIMENTO É MESMO UM CONCEITO SIMPLES?

II – Consentimento: concordância em se engajar em atividade de natureza sexual dada, de forma clara, consciente e voluntária. Silêncio, assim como ausência de protesto ou de resistência, não constituem consentimento por si só. A existência de um namoro ou o engajamento anterior em práticas de natureza sexual entre as pessoas envolvidas não pode nunca ser por si só tomado como indicador de consentimento. O consentimento pode ser revogado a qualquer momento. Consentimento não pode ser dado quando a pessoa é incapaz de concordar com a atividade como, por exemplo, quando a pessoa está incapacitada por uso de álcool ou drogas, quando está inconsciente, ou quando a atividade de natureza sexual foi induzida por uma conduta que constitui abuso de uma relação de confiança, poder ou autoridade. É responsabilidade de cada um dos envolvidos garantir que obteve o consentimento do outro.[1]

Consentimento, em termos simples, é quando alguém autoriza algo a acontecer e existe um acordo mútuo baseado no respeito.

Pode parecer que não, mas mobilizamos a noção de consentimento todos os dias, em vários momentos e diferentes situações. Por exemplo, quando pedimos permissão para nos sentar ao lado de alguém no

---

[1] Universidade Estadual de Campinas (Unicamp), *Regras e Procedimentos para Prevenção e Acolhimento de Queixas de violência baseada em género e sexo na Universidade Estadual de Campinas (Unicamp)*, 2020.

transporte público, ou mesmo quando pedimos um objeto emprestado ou verificamos se não haveria problema em cumprimentar alguém com um abraço ou um beijo no rosto. Muito embora nem sempre tenhamos consciência, a necessidade de obter, comunicar e construir consentimento está presente e permeia toda a nossa vida.

Atualmente temos falado muito de consentimento em relação a contextos íntimos e sexuais. Nesses cenários, o consentimento sexual seria uma autorização ou uma demonstração de concordância para relações e interações eróticas. Com muita frequência, inclusive, o utilizamos como uma espécie de régua que diferencia interações saudáveis, seguras e respeitosas daquelas desrespeitosas, abusivas, violentas e, muitas vezes, criminosas.

Recorremos à ideia de consentimento como métrica ou princípio regulador das boas interações sexuais em debates sobre autodeterminação, autonomia e acesso a direitos, em especial para meninas e mulheres. Uma das palavras de ordem da vez, consentimento é um tema fundamental, emergencial e inescapável do nosso tempo.

Na dúvida sobre como distinguir assédio de elogios?

Procuramos a presença ou não de consentimento na interação.

Diante de uma denúncia de violência sexual/estupro?

Procuramos a existência ou ausência do consentimento, ou, se possível, devemos saber se a vítima estava em plenas condições de consentir ou não.

Em dúvida sobre como orientar jovens acerca de comportamentos que evitem vazamentos e exposições de intimidade na internet, em especial de meninas e mulheres? Salientamos a centralidade do consentimento como régua de interações desejáveis e respeitosas, em situações on e offline.

A definição de "estupro" do FBI, órgão responsável pelas investigações federais nos Estados Unidos, é um bom exemplo da centralidade do consentimento nos tempos atuais. Ela se distancia do imaginário de estupro comum de boa parte das pessoas – aquele cometido por um estranho e com uso de força, em que a violação envolve um embate físico, uma espécie de luta corporal ou um confronto que sempre deixa marcas físicas. Perceba que a definição do FBI não diz nada sobre a relação entre vítima e agressor, nem menciona uso da força, mas salienta a importância do consentimento – ou melhor, da falta dele.

> [...] penetração, por menor que seja, da vagina ou do ânus com qualquer parte ou objeto do corpo, ou penetração oral por um órgão sexual de outra pessoa, sem o consentimento da vítima [...].[2]

Adotada em 2011 pelo Conselho Europeu, a Convenção para a Prevenção e o Combate à Violência contra as Mulheres e a Violência Doméstica, também conhecida como a Convenção de Istambul, traz em seu texto o consentimento como definidor das violências sexuais, entendendo que a falta de consentimento (dissentimento) é o que permite distinguir um comportamento lícito de um comportamento ilícito; e que a forma válida de consentimento é caracterizada pela vontade livre e expressa.

> **Artigo 36º – Violência sexual incluindo violação**
>
> 1. As Partes tomarão as medidas legislativas ou outras necessárias para assegurar a criminalização das seguintes condutas intencionais:
>   a. a penetração vaginal, anal ou oral não consentida, de carácter sexual, do corpo de outra pessoa com qualquer parte do corpo ou com um objeto;
>   b. outros atos de carácter sexual não consentidos com uma pessoa;
>   c. obrigar outra pessoa a praticar atos de carácter sexual não consentidos com uma terceira pessoa.
>
> 2. O consentimento deve ser dado voluntariamente, por vontade livre da pessoa, avaliado no contexto das circunstâncias envolventes.[3]

Em diferentes países, a idade legal para ser considerado/a alguém que pode consentir varia. Falaremos mais sobre isso adiante.

---

2 Departamento Federal de investigação, FBI, 2012.

3 Convenção de Istambul. Convenção do Conselho da Europa para a Prevenção e o Combate à Violência Contra as Mulheres e a Violência Doméstica, 2011.

O que é consentimento? Como definir, construir e entender sua importância? Como ele é estabelecido e revogado? E como comunicá-lo efetivamente? Garanti-lo envolve um diálogo contínuo e respeitoso. Devemos confiar nessa noção e em suas expectativas?

Na língua inglesa existem muitos materiais produzidos por ativistas, profissionais e pesquisadores/as acadêmicos/as que se dedicam a tornar o consentimento sexual uma ferramenta que possa ser instrumentalizada para o uso cotidiano das pessoas, visando esmiuçá-lo, entendê-lo e criticá-lo. Trazemos algumas dessas referências em nossa bibliografia, mas, infelizmente, a maior parte delas não está traduzida.

Entre os materiais que enumeram maneiras de identificar situações que garantiriam a presença do consentimento, geralmente encontramos as seguintes dicas:

- Consentimento não é apenas a ausência de "não", mas a presença do "sim": uma pessoa alcoolizada, medicada ou dormindo não tem condições de entender e expressar claramente seu consentimento, e a mera ausência de uma recusa ou resistência não implica a permissão.
- O consentimento deve ser expressado por palavras ou ações de maneira clara e coerente – ou seja, uma autorização que fique vaga, ambígua ou confusa não deve ser considerada válida.
- O consentimento não deve ser pressionado, manipulado ou coagido: um "sim" dado sob ameaça, culpa ou medo, ou dentro de uma relação violenta, ou mesmo diante de uma pessoa que tem muito mais poder, não deve ser considerado legítimo.
- As pessoas a quem se pede o consentimento devem ter liberdade para dizer "não" ou para retirar o "sim" posteriormente sem sofrer quaisquer consequências ou retaliações.
- As pessoas a quem se pede o consentimento devem sempre ser informadas sobre as circunstâncias e as possíveis consequências daquilo que estão permitindo.

- Todas as pessoas envolvidas em uma decisão podem mudar de ideia e retirar o consentimento a qualquer momento, mesmo que a interação já tenha começado, e a atividade deve ser interrompida imediatamente.
- O consentimento é uma negociação constante e contínua. Consentir com determinada situação não significa consentir com tudo: o envio de um nude não implica autorização para que esse nude seja compartilhado com outras pessoas; a autorização para trocar beijos e carícias não significa permissão para seguir adiante.
- Todas as pessoas têm o direito de consentir com atividades que as façam se sentir seguras e bem, e o direito de dizer "não" a atividades que não lhes pareçam boas ou seguras.
- O consentimento nunca deve ser presumido devido ao comportamento de alguém: a roupa que está usando, o local que está frequentando, o tipo de profissão que tem, o fato de já ter consentido anteriormente, ser casado/a ou namorar a pessoa que pede o consentimento.
- Na dúvida se há consentimento, pergunte e escute atentamente, mas preste atenção a situações em que o consentimento é invalidado, como quando pessoas estão momentaneamente incapacitadas (alcoolizadas, dopadas, adormecidas), quando as relações entre as partes são muito desiguais (entre chefes e funcionários/as) ou envolvendo menores de 14 anos (considerados/as vulneráveis na legislação brasileira).

CONSENT

IT'S SIMPLE AS TEA

Em 2015 se popularizou na internet uma campanha lançada pela Polícia de Thames Valley, na Inglaterra.[4] Intitulada "Consentimento é tudo" (#consentiseverything), ela trabalhou com um vídeo que foi amplamente disseminado por ser considerado simples e eficaz. A produção do material teve o intuito de elucidar dúvidas em relação ao consentimento sexual.

No vídeo, com uma animação em preto e branco, o consentimento sexual e os critérios para sua validade são abordados por meio de uma metáfora envolvendo uma xícara de chá. Quando perguntamos a alguém se essa pessoa aceita uma xícara de chá, podemos receber uma variedade de respostas. Apenas quando a resposta é afirmativa, expressa de forma clara e entusiasmada, devemos servir o chá.

Já diante de uma resposta negativa, de alguém que esteja incapaz para responder ou numa reação relutante, a mensagem deveria ser clara: a pessoa não deve ser forçada a beber chá em nenhuma circunstância.

> Se você diz "Ei, você gostaria de uma xícara de chá?" e a pessoa responde "Ah, eu não tenho certeza", você pode preparar uma xícara de chá ou não, mas esteja ciente de que a pessoa pode não bebê-la. E, se ela não beber – e isso é importante –, não a obrigue a beber. Só porque você fez o chá não significa que tem o direito de fazer a pessoa beber.

---

4 Thames Valley Police, *Consent is everything* [Consentimento é tudo], [s. d.].

Se a pessoa disser "Não, obrigado/a", não faça chá. Simplesmente não faça chá, não obrigue a tomar chá, não fique chateado por ela não querer chá. A pessoa só não quer chá, OK?

A pessoa pode dizer "Sim, por favor! Que gentil da sua parte!", mas, quando o chá fica pronto, ela não quer mais o chá. Claro que é meio irritante, pois você empenhou todo o esforço para fazer o chá, mas ela não tem obrigação de beber esse chá. Ela queria o chá, agora não quer mais. Algumas pessoas mudam de ideia na hora de ferver a chaleira, preparar o chá, adicionar o leite, e está tudo bem com o fato de as pessoas mudarem de opinião. Você continua não tendo o direito de querer que elas bebam.

E, se ela estiver inconsciente, não faça chá para ela. As pessoas inconscientes não querem chá e não podem responder à pergunta "Você quer chá?", porque estão inconscientes. OK, talvez a pessoa estivesse consciente quando você perguntou se ela queria o chá e ela disse "sim", mas, durante o tempo que você levou para ferver a chaleira, preparar o chá e adicionar o leite, ela ficou inconsciente. [...] Pessoas inconscientes não querem chá. Confie em mim.

Se alguém disse "sim" para o chá no sábado passado, não significa querer que você faça chá o tempo todo. Ela não quer que você vá até a casa dela inesperadamente e faça chá para ela e a force a beber, dizendo: "Mas você queria o chá na semana passada..." [...] Seja chá ou sexo, consentimento é tudo.[5]

A mensagem é clara: ninguém deve ser coagido, forçado ou pressionado a qualquer interação sexual – ou, na linguagem metafórica, a beber chá. Ninguém deve sofrer represálias por recusar interações sexuais. Além disso, a recusa pode ocorrer a qualquer momento, mesmo que a autorização tenha sido dada anteriormente. O consentimento – seja para uma interação sexual ou para beber chá – nunca deve ser presumido. Em resumo: se forçar alguém a tomar chá parece errado (ou até absurdo), a mesma coisa se aplica ao consentimento sexual.

---

5 Thames Valley Police, op. cit.

Outros modelos didáticos, desta vez não em filmes de animação, também circulam com frequência na tentativa de elucidar de forma simples e memorizável os critérios do consentimento válido, como a sigla FRIES (palavra do inglês para "batatas fritas").

Segundo esse modelo, o consentimento deve ser: 1) **Livre (Free)** – dado livremente e sem pressão; 2) **Revogável (Reversible)** – você deve poder mudar de ideia e retirar o consentimento a qualquer momento; 3) **Informado (Informed)** – a pessoa que consente deve saber as implicações e as possíveis consequências de sua permissão; 4) **Entusiasmado/Afirmativo (Enthusiastic)** – a pessoa que consente deve expressar claramente que está autorizando; 5) **Específico (Specific)** – o consentimento é dado para atividades específicas, e não para tudo.

CRÍTICAS FEMINISTAS AO CONSENTIMENTO: UMA VARIEDADE DE ABORDAGENS

Ao longo deste livro, utilizamos os termos "feministas" e "feminismos" sempre no plural, posto que os movimentos pelos direitos das mulheres e suas definições conceituais não devem ser compreendidos no singular, como algo único e sem discordâncias. Muito pelo contrário, há diferentes vertentes do pensamento e da militância feministas que utilizam conceitos, explicações e teorias distintos, e às vezes até mesmo contraditórios.

Segundo a pesquisadora Milena Popova,[6] podemos classificar, resumidamente, os diferentes posicionamentos feministas em relação ao consentimento sexual em quatro conjuntos de abordagens amplas: 1) a "feminista radical"; 2) as concepções "*não* significa *não*"; 3) os desdobramentos "*sim* significa *sim*"; e 4) as abordagens críticas recentes.

No primeiro grupo, o das "feministas radicais", encontramos argumentos de que sexo e violência, ou sexo e estupro, seriam intimamente interligados, uma vez que a negociação do consentimento não aconteceria em condições de igualdade, em que ambas as partes teriam o mesmo poder para dizer "sim" ou "não".

Em outras palavras, homens e mulheres, ao serem tratados de forma tão diferente e desigual pela sociedade, não estariam em pé de igualdade para negociar os termos do consentimento.

Segundo essa vertente, o consentimento seria, então, sem sentido, uma vez que as escolhas das mulheres estariam sempre limitadas pelas desigualdades sociais que impossibilitariam escolhas totalmente livres.

Para as feministas radicais, muitos estereótipos de feminilidade condicionariam meninas e mulheres a acreditarem que seu propósito é satisfazer as necessidades sexuais dos homens, e não necessariamente as suas. Nesse cenário, seria difícil – ou quase impossível – haver consentimento sexual genuíno, livre e não coagido. Por esses motivos, consentimento seria uma fantasia e um padrão muito ruim para o sexo aceitável.

Já para um segundo grupo, que Popova chama de "defensoras da abordagem *não significa não*", seria possível encontrar soluções para o consentimento sexual uma vez que homens fossem ensinados e responsabilizados a ouvir e respeitar as expressões de não consentimento e as vontades das mulheres.

Esse grupo, que ganhou força em campanhas contra a violência sexual dos anos 1980, se mobilizou para pedir reformas legais que mudassem as definições de "estupro" e outras violências sexuais que dependiam da presença de força física ou ameaça para qualificar violações.

---

6 M. Popova, *Sexual Consent* [Sexo consensual], 2020.

A abordagem "*não* significa *não*" coloca o consentimento no centro das definições de violência: em sua ausência, haveria violência.

O terceiro grupo, que Popova chama de "abordagem *sim* significa *sim*", tem sua origem em críticas diretas feitas às proposições "*não* significa *não*". Segundo os argumentos desse grupo, haveria uma suposição equivocada de que meninas e mulheres seriam totalmente livres para dizer "não" quando não quisessem sexo, e que esse "não" seria definitivamente respeitado pelos homens, que não usariam de alternativas para pressionar, resmungar, ameaçar ou chantagear emocionalmente suas parceiras.

Uma crítica importante feita com frequência à abordagem "*não* significa *não*" ao consentimento é que ela não dá conta de uma ampla variedade de situações em que o "não" não foi dito e, ainda assim, o consentimento não está presente – quando alguém está dormindo, medicado ou alcoolizado, por exemplo. Desigualdades de poder também podem impedir ou dificultar que alguém negue o consentimento, como quando uma das pessoas ocupa um lugar de autoridade.

Para sanar certos pontos fracos da abordagem anterior, a proposta do "*sim* significa *sim*" (também chamada em alguns contextos de "consentimento entusiasmado" ou "consentimento afirmativo") enfatiza a necessidade de um "sim" claro e articulado, atribuindo aos homens a responsabilidade de não apenas respeitar um "não" claro, mas também de garantir que sua parceira deseje sexo de forma genuína e entusiástica e seja capaz de comunicar essa vontade. Essa abordagem busca reivindicar o sexo como uma experiência que deve ser mutuamente prazerosa e respeitosa para todos os envolvidos.

Ambas as abordagens – "*não é não*" e "*sim é sim*" – são fundamentalmente diferentes da abordagem feminista radical, pois se concentram na agência pessoal e na possibilidade de negociação do consentimento entre indivíduos.

Por trás delas há algumas premissas básicas de que somos todos sujeitos livres racionais e responsáveis por nossas ações. Em outras palavras, seríamos todos igualmente capazes de exercer nossas vontades e decisões sem que outros com mais poder nos impeçam; todos igualmente conheceríamos e compreenderíamos nossos próprios desejos;

"

Consentimento, em termos simples, é quando alguém autoriza algo a acontecer e existe um acordo mútuo baseado no respeito.

"

todos nos comunicaríamos de maneira absolutamente clara sobre nossos desejos e nossas vontades e, simultaneamente, compreenderíamos totalmente a expressão da vontade dos outros.

A quarta corrente descrita por Popova questiona com força crítica justamente essa definição de "sujeito neoliberal" – livre, racional, quase ilimitado em possibilidades de ação – que tem sido tão dominante nas últimas décadas. Por isso, a autora denomina essa corrente de "abordagens críticas".

Essas vertentes, talvez mais próximas das autoras deste livro, se debruçam sobre questões de desigualdade e desequilíbrio de poder relacionadas às possibilidades de negociação e produção do consentimento.

Dito de outro modo, as abordagens críticas reconhecem que o consentimento como definidor do sexo aceitável, em um mundo permeado por desigualdades, pode ser um conceito muito vazio se não abordado de forma crítica, e que nós vivemos, simultaneamente, em contextos que restringem e limitam nossas vontades e ações, além de que certas condições tornam o consentimento viciado ou inválido em relação à autonomia das mulheres.

As "abordagens críticas" sobre consentimento chamam a atenção para a cilada de confundir, muitas vezes, consentimento com vontade, algo de que tratamos com mais detalhes ao longo do livro.

Nos Estados Unidos, entre os anos 1970 e 1980, as disputas feministas sobre diferentes abordagens no que diz respeito ao consentimento, à autonomia das mulheres e às violências foram tão acirradas, que receberam o nome de "Guerras Sexuais". De um lado da fronteira, por assim dizer, posicionaram-se as feministas "antissexo" (também descritas como "radicais"), argumentando que todas as relações sexuais entre homens e mulheres se dariam dentro de "relações patriarcais opressoras".

Entrincheiradas do lado oposto estavam as feministas "pró-sexo", que, de forma heterogênea, defendiam a perspectiva da compreensão da sexualidade das mulheres a partir de possibilidades de libertação e prazer, não ignorando, é claro, o potencial violento presente em relações marcadas por desigualdades de poder.

As formulações "pró-sexo" trouxeram grande ênfase para a noção de consentimento, apresentada, então, como principal medida ética das práticas sexuais saudáveis e mutuamente prazerosas, posto que vivenciadas em termos de autonomia e escolha.

Por essa perspectiva, o consentimento deveria ser entendido como sinônimo de autorização, permissão e concordância, além de depender da premissa de que qualquer pessoa pode dizer "não" e de que ela sempre tem consciência ou conhecimento das repercussões daquilo com o qual concordou. Mas será que uma pessoa com medo, ameaçada ou acuada, que não entendeu o que estava consentindo, pode de fato consentir?

São inválidos o consentimento mediante manipulação emocional ou chantagem, o consentimento da pessoa embriagada, da criança, da pessoa sem condições de dizer "não" ou mesmo o consentimento sobre determinados aspectos considerados invioláveis. Uma mulher em situação de violência doméstica que vive constantemente assustada, acuada ou fragilizada – essa mulher pode consentir livremente? Entendemos que não.

Uma coletânea organizada pela pesquisadora Carole Vance, intitulada *Pleasure and Danger*[7] [Prazer e perigo], propõe explorar justamente o que chama de "duplo significado" da sexualidade feminina: uma tensa coexistência justaposta e indissociável de situações de fruição (prazer) e risco (perigo). Essa tensão, segundo Vance, nunca é exatamente resolvida. E essa resposta indica que a vida real é mais complexa do que formulações ativistas e teóricas, não havendo fórmulas prontas e fáceis para resolver problemas sociais tão enraizados em nossas experiências e crenças.

A escritora e pesquisadora britânica Katherine Angel chama de "cultura do consentimento" certa "retórica amplamente difundida de que o consentimento é o lócus para transformar os males da nossa cultura sexual".[8]

Só que essa retórica vem cheia de armadilhas. Por exemplo, uma mulher que explicita, enuncia e anuncia seu desejo deixa de ser vista como

---

7 C. Vance, *Pleasure and Danger: Exploring Female Sexuality* [Prazer e perigo: explorando a sexualidade feminina], 1985.

8 K. Angel, *Amanhã o sexo será bom novamente: mulheres e desejo na era do consentimento*, 2023, p. 16.

inocente ou pudica, perdendo a capacidade de reivindicar o status de vítima. Angel questiona, por isso, se revelar o desejo coloca a mulher em perigo: "Ao revelar o que sinto, eu renuncio à privacidade e à dignidade? Serei perseguida, assombrada por minhas próprias ações? Serei capaz de resistir às vontades indesejadas de outras pessoas? Dizer 'sim' exclui minha capacidade de dizer 'não'?"[9]

Ela argumenta que o desejo feminino, mesmo quando manifestado uma única vez e direcionado a um único homem, torna a mulher vulnerável. O desejo a desqualifica para a proteção e para a justiça. Uma vez que se presume que uma mulher tenha dito "sim" a alguma coisa, ela não pode dizer "não" a mais nada. Para Angel, uma vítima ideal não pode ter desejo.

Em consonância com a visão de Carole Vance, Angel entende que as mulheres têm que equilibrar constantemente desejo e risco, prestando atenção a muitos fatores na busca pelo prazer. Ela afirma: "As mulheres sabem que o desejo sexual é capaz de privá-las de proteção e que pode ser usado como prova de que a violência não foi, na verdade, violência, sob o argumento de que 'ela quis'."[10]

O desejo é uma fonte de punição, tornando difícil argumentar e convencer de que houve violência quando, em algum momento, a mulher expressou desejo ou quando seu desejo é presumido pelo comportamento. Angel resume o dilema das mulheres: "Dizer 'não' pode ser difícil, mas dizer 'sim' também é."[11]

Nas ciências sociais brasileiras, pesquisadoras como Flávia Biroli (2013), Laura Lowenkron (2015), Maria Filomena Gregori (2016) e Maria Elvira Díaz-Benítez (2020) têm se dedicado a esmiuçar as complexidades e a centralidade do consentimento nos debates atuais a respeito dos direitos sexuais.

[9] K. Angel, op. cit, p. 13.
[10] Idem, p. 14.
[11] Idem, p. 15.

ANTIMANUAL: NÃO HÁ RESPOSTAS FÁCEIS PARA SITUAÇÕES SOCIAIS COMPLEXAS

Nós, autoras deste livro, acreditamos que o consentimento sexual é um ponto de partida essencial para estabelecer limites, fronteiras e comportamentos desejáveis em relacionamentos saudáveis, respeitosos e seguros. No entanto, já adiantamos que aqui questionaremos se o consentimento deve funcionar apenas como o início – e não o fim – de várias conversas necessárias, mas difíceis.

Também acreditamos que o consentimento como solução infalível para evitar abusos e violações está longe de ser uma orientação prática simples e realizável em nosso dia a dia. Por isso pensamos este livro como um "antimanual" para o tema, pois acreditamos que não há respostas infalíveis, receitas prontas, soluções rápidas, fáceis ou inequívocas. Tudo o que envolve relações humanas é contextual, complexo e fruto de negociações constantes e contínuas.

Ao pensarmos nas complexidades das relações que temos em nossas vidas, como afetos, medos, inseguranças, desigualdades e até mesmo desconhecimento, percebemos que construir, comunicar e garantir a existência de consentimento não é uma tarefa simples.

Reconhecer que o consentimento é limitado e complexo não significa abandoná-lo, mas utilizá-lo com cautela e responsabilidade, entendendo que ele não é o fim da conversa, a solução final e inequívoca, mas o início de muitos outros diálogos.

Devemos estar dispostas a identificar pontos de atrito e dificuldades. Por isso, apresentamos a estratégia do consentimento como uma necessidade imperfeita, mas inescapável. Apesar de todas as suas falhas, ainda não contamos com algo melhor.

Não estamos advogando a eliminação das discussões sobre consentimento ou abandonando os esforços para redefini-lo, mas apontando que o consentimento não fornece uma estrutura universal suficiente para lidar com as complexas relações entre pessoas, poder, desejo e desigualdades. Não consideramos utópico nem irresponsável defender melhores leis e políticas em relação à violência sexual, ao assédio e à discriminação, e, ao mesmo tempo, questionar os limites das ferramentas que estamos utilizando. Concorda?

Afirmamos, sem medo, que estamos, as três, comprometidas com a integridade, a autonomia e o bem-estar de mulheres e meninas. Temos, no centro de nossas preocupações, a construção de relações e interações não violentas, seguras, mutuamente prazerosas e a criação de um mundo no qual o acesso ao prazer e à intimidade seja cada vez mais democrático, com possibilidade real de comunicação e negociação entre parceiros.

Acreditamos que o consentimento pode ser uma importante ferramenta pedagógica, discursiva e política, desde que encarado de forma pragmática, crítica e estratégica. Acreditamos também que, quanto mais acessíveis forem as informações, mais provável será mitigar os estigmas das conversas sobre sexo, relações e poder, superando o receio de diálogos honestos e francos sobre desconfortos, inseguranças e medos. Pensar o consentimento sexual envolve conversas francas sobre sexo, sexualidade, desejo, vontades e outras sensações que estão envoltas em vergonha, pudor, pouco diálogo e muitos sinais, meias-palavras e nuances.

"
Reconhecer que o consentimento é limitado e complexo não significa abandoná-lo, mas utilizá-lo com cautela e responsabilidade.

"

3

O #METOO MUDOU O MUNDO?

#METOO: A *HASHTAG* QUE MUDOU O MUNDO?

No dia 15 de outubro de 2017, uma atriz estadunidense fez uma postagem no Twitter, hoje chamado de X, que faria história: "Se todas as mulheres que foram sexualmente assediadas ou violentadas escrevessem 'eu também' no seu status, talvez a gente pudesse dar às pessoas uma noção da magnitude do problema."

É muito provável que, naquele momento, Alyssa Milano não imaginasse o impacto de suas palavras ao fazer isso. Sua mensagem ressoou profundamente entre mulheres e meninas de todo o mundo, amplificando um debate que já ocupava lugar de destaque nas redes sociais e na esfera pública: as violências sexuais e o assédio contra mulheres.

Mais conhecida por seus papéis nos seriados de televisão *Who's the Boss?* [Quem é o chefe?], que foi ao ar nos anos 1980, e *Charmed* (no Brasil, *Jovens bruxas*), dos anos 1990, Alyssa Milano não era exatamente, naquele momento, uma celebridade em grande evidência. Contudo, em questão de horas, sua mensagem foi compartilhada, "printada" e viralizada não apenas no Twitter, mas nas redes sociais Facebook e Instagram, gerando uma avalanche de reações de apoio e o compartilhamento de histórias semelhantes, muitas delas seguidas da *hashtag* #MeToo (em português, a expressão pode ser traduzida como "eu também" ou "comigo também").

Entre as dezenas de mulheres que compartilharam nas redes sociais seus relatos de assédio sexual – e, em alguns casos, de estupro – também estavam outras atrizes, algumas mais e outras menos famosas que Alyssa Milano, revelando suas próprias histórias. Muitas dessas histórias envolviam o mesmo algoz de Milano: o então todo-poderoso produtor de Hollywood Harvey Weinstein.[1]

A postagem de Alyssa Milano tinha um contexto. Em outubro de 2017, duas publicações renomadas nos Estados Unidos, o jornal *The New York Times* e a revista *The New Yorker*, divulgaram matérias com relatos de dezenas de mulheres acusando Harvey Weinstein de diversas condutas sexuais violentas. Essas matérias incluíam registros, e-mails e documentos provando que parte da indústria hollywoodiana estava ciente dos casos, que se estendiam por cerca de trinta anos.

Frequentemente Harvey Weinstein convidava atrizes aspirantes para reuniões a dois em quartos de hotel, supostamente para falar sobre trabalho. A matéria da revista *The New Yorker* descreveu esse comportamento como "predatório contínuo em relação às mulheres – quer elas consentissem ou não".

Muitas das mulheres confessaram que permaneceram em silêncio por tanto tempo por temerem represálias de alguém tão poderoso, capaz de destruir suas carreiras. "Eu sou uma mulher de 28 anos tentando ganhar a vida e uma carreira. Harvey Weinstein é um homem mundialmente famoso, de 64 anos, e essa é a sua empresa. O equilíbrio de poder é: eu, 0; Harvey Weinstein, 10", diz um memorando com as palavras de Lauren O'Connor.

O que se seguiu à mensagem da atriz e à repercussão das denúncias contra Harvey Weinstein foi o surgimento de um fenômeno que ganhou o nome de #MeToo. O escândalo desencadeou várias acusações semelhantes contra homens poderosos em todo o mundo e levou muitas mulheres a compartilharem suas próprias experiências de violência sexual.

---

1 Antes das denúncias, Harvey Weinstein era um dos homens mais laureados de Hollywood. Sua empresa havia recebido seis Oscar de melhor filme, e ele se apresentava como um defensor de pautas progressistas, como aliado das mulheres e ativista em temas humanitários. Eventualmente, mais de cem mulheres se manifestaram sobre situações de má conduta sexual de Harvey Weinstein. Ainda em 2017, ele negou qualquer interação sexual não consentida, mas foi afastado de sua posição na The Weinstein Company e expulso da Academia de Artes Cinematográficas e Ciências. Também se retirou da esfera pública. Em 2018, Harvey Weinstein foi preso em Los Angeles e, em 2020, condenado a 23 anos de prisão. No entanto, em abril de 2024 seu julgamento foi anulado após questionamento por parte da defesa. Até a publicação deste livro, outro julgamento não havia sido marcado.

Por meio da *hashtag*, o movimento se espalhou rapidamente pelas redes sociais, atingindo escalas virais. De início, o #MeToo foi uma campanha de conscientização que inspirou milhões de postagens de mulheres compartilhando suas experiências pessoais com assédio sexual e estupro, sobretudo em relações de trabalho, por meio de mensagens no Facebook e no Twitter.

No fim das contas, o #MeToo se tornou um movimento de conscientização, mobilização e busca por responsabilização. Sua principal tática envolvia encorajar mulheres a contar suas histórias pessoais e, pela força dos números, passar a mensagem de que elas não estavam sozinhas. Isso destacou que a realidade do assédio e da violência sexual é mais comum, frequente e naturalizada do que gostaríamos de acreditar, um argumento que se convencionou chamar de "cultura do estupro".

Dentro do fenômeno do "ativismo de *hashtag*",[2] o movimento ganhou tração com as redes sociais e a popularização da internet. Empatia, solidariedade e força da coletividade são alguns dos pilares do #MeToo, ao revelarem para vítimas (ou sobreviventes, termo mais utilizado nos Estados Unidos) a quantidade de mulheres que passaram pela mesma situação, uma grande demonstração de escala para provar que o problema é visível, endêmico e inevitável.

A *hashtag* ajudou a descortinar digitalmente o problema. Depois que o #MeToo viralizou, o Facebook divulgou um levantamento segundo o qual quase metade de seus usuários estadunidenses era amiga de alguém que compartilhou uma história de abuso sexual, assédio sexual ou estupro.[3]

---

2 Segundo estudos recentes sobre ativismo, as *hashtags* podem funcionar como organizadoras panfletárias, capazes de localizar e espalhar rapidamente conteúdos que foram marcados com o símbolo da cercilha (#), também chamado de "jogo da velha". Seu uso (estratégico ou não) costuma ser especialmente eficiente e popular no Twitter (Cf. Feixa, 2014). Tem-se chamado atenção para a possibilidade de as *hashtags* criarem ativismos políticos e sociais, o "*hashtivism*" (Keating; Murphy, 2015), caracterizado pelo uso da ferramenta como forma de reunir e mobilizar pessoas em torno de causas.

3 A. Tambe, *Reckoning with the Silences of #MeToo* [Enfrentando os silêncios do #MeToo], 2018.

O APAGAMENTO DA ORIGEM NEGRA DO #METOO E SUAS CRÍTICAS

Milano relatou posteriormente que a ideia da postagem na rede social X surgiu de uma conversa que teve com uma amiga. Sem saber, a atriz havia ecoado palavras que também guiavam o trabalho da ativista estadunidense Tarana Burke, que, em 2006, publicou em uma rede social extinta chamada MySpace um texto manifesto sobre violência sexual, e também utilizou a expressão "Me Too".

Tarana Burke criou o movimento "Me Too" porque ela, como mulher que vivenciou violência sexual, queria ajudar outras mulheres e meninas – especialmente negras – a processar e superar, na medida do possível, experiências semelhantes. Burke já usava a *hashtag* "MeToo" em posts de 2014.

O trabalho de Tarana Burke no #MeToo não era amplamente conhecido fora das comunidades em que atuava. Muitas vezes seu trabalho foi obscurecido ou negligenciado pela onda midiática que se seguiu à divulgação das mensagens de atrizes famosas.

Para corrigir essa situação, algumas pessoas que conheciam o trabalho de Burke começaram a destacar que a campanha viral havia sido amplificada por mulheres brancas, mas que suas raízes estavam no trabalho de Tarana Burke, uma mulher negra que já dedicava uma década de esforços.

Aliás, diversas usuárias do X ressaltaram que outras campanhas semelhantes tinham sido iniciadas por mulheres negras. Após a postagem de Milano se tornar viral, a revista *Ebony* publicou um artigo sobre Burke, e outros meios de comunicação logo fizeram a mesma coisa. Alyssa Milano, que frequentemente era creditada por iniciar o #MeToo, também incentivou seus seguidores a aprender sobre o movimento que já existia antes da *hashtag*.

Uma crítica relevante feita por Tarana Burke é que o #MeToo midiático falhou ao não oferecer os mesmos recursos e apoio necessários para vítimas ou sobreviventes de violência sexual. Após pedir que meninas e mulheres compartilhassem suas histórias, o que foi oferecido em troca? O movimento #MeToo gerou unidade em números, mas pouco abordou a exaustão e o trauma dessas mulheres e meninas.

O #MeToo inspirou mudanças de mentalidades, comportamentos e até propostas de modificações legislativas. No entanto, é importante salientar que o movimento não inaugurou a temática nem existiu no vácuo, mas floresceu dentro de um contexto social, tanto nos Estados Unidos quanto internacionalmente, já muito movimentado por conversas sobre autonomia, dignidade e direitos das mulheres. Nesse cenário, uma ideia ganhou bastante centralidade: o consentimento.

Nos Estados Unidos, por exemplo, outros escândalos célebres eclodiram no mesmo período. As denúncias em série de violência sexual em *campi* universitários e o caso de abuso sexual generalizado perpetrado pelo médico da seleção feminina de ginástica Larry Nassar foram particularmente notáveis. Nassar cometeu abusos contra meninas – que, na época, eram em sua maioria crianças e adolescentes – ao longo de mais de duas décadas, vitimando mais de 260 mulheres, incluindo algumas das atletas mais bem-sucedidas do esporte.[4] O caso é considerado o maior escândalo de violência sexual no esporte do país, e Nassar foi condenado a centenas de anos de prisão.

Em 2011, estudantes vinculados a uma fraternidade na Universidade de Yale foram suspensos por terem como grito de guerra a frase "*Não* significa *sim*, e *sim* significa *anal*". Em 2013, cinco rapazes foram acusados de estuprar uma estudante de 19 anos nos alojamentos da Universidade Vanderbilt, no estado americano do Tennessee.

Em 2014, 23 alunas da Universidade de Columbia, em Nova York, entraram com um processo contra o Governo Federal alegando condutas inadequadas das autoridades universitárias na condução de denúncias no *campus*. No mesmo ano, a Casa Branca divulgou um relatório tratando a violência sexual nas universidades como um problema grave. Em 2014, 86 instituições estavam sendo investigadas pelo Departamento de Educação por conduzir de forma duvidosa denúncias de

---

4 Forbes, *Me Too: McKayla Maroney Says She Was Among the Many Molested by USA Gymnastics Team Doctor* [#MeToo: McKayla Maroney diz que estava entre as muitas molestadas pelo médico da equipe de ginástica dos Estados Unidos], 2017; Vice, *New Report Reveals 20-Year Sex Abuse Scandal Across US Gymnastics Programs*, [Novo Relatório revela escândalo de abuso sexual de 20 Anos em programas de ginástica dos Estados Unidos], 2016.

violência sexual.[5] Esses casos, que são apenas alguns, ilustraram como a violência sexual não é uma aberração, mas, infelizmente, uma ocorrência diária.[6]

💬 PARA CONTINUAR A CONVERSA

Atleta A (2020), documentário de Bonni Cohen e John Shenk sobre as violências sexuais cometidas durante décadas pelo médico Larry Nassar contra ginastas da equipe dos Estados Unidos.

Ela disse: os bastidores da reportagem que impulsionou o #MeToo (2019), livro de Jodi Kantor e Megan Twohey, que narra o trabalho das duas jornalistas que expuseram o caso Harvey Weinstein e deram um dos maiores furos jornalísticos da década em uma reportagem que alçou o movimento #MeToo à escala global. O livro também foi adaptado para o cinema com o título *Ela disse*, em 2022, e dirigido por Maria Schrader.

The Hunting Ground (2015), documentário de Kirby Dick que trata dos casos de violência sexual nos *campi* universitários dos Estados Unidos. O filme, ironicamente, foi produzido pela empresa de Harvey Weinstein.

O escândalo (2019), filme dirigido por Jay Roach, é inspirado na história real de denúncias de mulheres que sofreram assédio sexual por parte do CEO do canal Fox News.

---

5 L. Nelson, *9 Stories That Show How Badly Colleges Handle Sexual Assault on Campus* [9 histórias que mostram como as faculdades lidam mal com agressões sexuais no campus], 2014.
6 E. Zimmerman, *Campus Sexual Assault: A Timeline of Major Events* [Agressão sexual no campus: uma linha do tempo de eventos importantes], 2016.

E NO BRASIL?

No Brasil, o #MeToo ecoou no mesmo momento em que outras importantes movimentações pelos direitos das mulheres e pela ampliação das definições de violências ocupavam os meios de comunicação tradicionais e digitais, sob o apelido de "Primavera Feminista".

Embora bastante heterogêneo e intrinsecamente ligado às demandas históricas dos feminismos, esse novo momento é descrito como predominantemente jovem, marcado pela centralidade da internet na propagação de reivindicações, pela articulação de ativistas com diferentes segmentos midiáticos e pela presença de mulheres simpáticas às causas ocupando espaços de poder e visibilidade.

Seria pretensioso, e muito provavelmente equivocado, tentar fixar um único marco histórico na movimentação dos anos 2010 em torno dos debates sobre violências sexuais contra mulheres. Entretanto, esse período pode ser caracterizado pelo fortalecimento e pela visibilidade de uma série de demandas, pela proliferação de termos para se referir a violências, violações e abusos contra as mulheres – dentre os quais se destacam noções mais amplas de assédio sexual e abusos não puramente físicos (violência psicológica, relacionamento abusivo, *stalking*, crimes digitais) –, bem como por discussões mais incisivas e exigentes sobre a necessidade do consentimento como diferenciador entre interações violentas e saudáveis.

As movimentações das mulheres ao longo dos anos 2010 disputam ampliações nas percepções, noções e definições tanto de violência quanto de direitos, questionando discursos, comportamentos e condutas anteriormente considerados socialmente aceitáveis, problematizando relações e interpelando, assim, estereótipos sobre mulheres e sexo. Em outras palavras, estamos vivendo um momento de disputa sobre o que deveria ou não ser considerado adequado e desejável, ou uma violação, um crime.

Ao longo da década, a campanha "Chega de Fiu Fiu" foi um dos temas mais debatidos não apenas em círculos feministas online e offline, mas também na mídia tradicional. Encabeçada pela jornalista Juliana

Acesse o site da campanha:

de Faria, a movimentação teve início em julho de 2013, com a publicação online de uma série de ilustrações destinadas a chamar a atenção para situações cotidianas que, segundo Juliana e suas colegas, poderiam (e deveriam) ser interpretadas como violações e/ou violências contra as mulheres: o assédio em espaços públicos.

Disputando o entendimento de abordagens a mulheres nas ruas, muitas vezes descritas como "cantadas", a campanha da Think Olga argumentava que o assédio – "comentários obscenos sobre seu corpo", "cantadas no ambiente de trabalho", "encoxadas no transporte público" – implicaria investidas sexuais não consentidas, acarretando impactos emocionais irreversíveis nas meninas e mulheres "assediadas".[7]

Em um dos primeiros desenvolvimentos da campanha, a Think Olga divulgou os resultados de uma pesquisa online realizada com cerca de 8 mil mulheres, revelando que 98% das entrevistadas já haviam sofrido algum tipo de assédio sexual ou moral por serem mulheres, 90% já haviam trocado de roupa antes de sair de casa e 81% já haviam se impedido de fazer algo pela possibilidade de assédio.

A partir daí, ganhando a mídia tradicional e mobilizando o recente ativismo jovem feminista, a agenda se fortaleceu, ocupando as ruas e a internet ao reimprimir o slogan "Meu corpo, minhas regras", desafiando percepções comuns e problemáticas de consentimento e respeito. Esse clima levou à criação de diferentes iniciativas e projetos de lei em diferentes estados brasileiros. A tecnologia também foi usada como aliada, com o desenvolvimento de aplicativos para mapear o assédio nas ruas e influenciar a elaboração de políticas públicas.

---

7 A professora da Universidade de São Paulo Heloísa Buarque de Almeida tem conduzido uma série de estudos sobre mulheres e violências sexuais, em especial sobre ativismos recentes que têm chamado a atenção para o assédio e buscado o reconhecimento público e social dessa forma de violência. Segundo Almeida (2019), é importante ter em vista que essas empreitadas são majoritariamente organizadas e protagonizadas por mulheres jovens, formalmente educadas e brancas. H. Buarque de Almeida, *From Shame to Visibility: Hashtag Feminism and Sexual Violence in Brazil* [Da vergonha à visibilidade: *hashtag* feminismo e a violência sexual no Brasil], 2019.

O *Chega de Fiu Fiu* fez parte de uma intensa movimentação que levou a uma mudança significativa nas percepções sobre as interações com mulheres e meninas nas ruas, situações que costumavam ser apelidadas de elogios, flertes ou comportamentos masculinos naturais. As demandas das mulheres, que saíram às ruas e às redes sociais, geraram um acalorado debate público sobre a necessidade de considerar o assédio nas ruas uma violência contra mulheres e meninas que deveria ser levada a sério e, mais ainda, tratada criminalmente.

O debate vinculou a prática do assédio ao abuso, tratando-o como uma forma de desrespeito, atentado à liberdade sexual, machismo e violação do direito constitucional de ir e vir. No Brasil, até então, o termo "assédio" era principalmente entendido em situações hierárquicas no trabalho, como entre chefes e subordinados. No final de 2018, o tipo penal "importunação sexual", previsto no artigo 215-A do Código Penal, foi promulgado por meio de uma lei que altera consideravelmente a forma como crimes sexuais são tratados no país. Falaremos mais sobre isso em outro momento.

Em 2013, o Think Olga lançou a campanha *#MandaPrints*, composta de vídeos em tom de orientação jurídica direcionados para meninas e mulheres em situações de perseguição, ameaças e ofensas na internet, por terem imagens ou vídeos eróticos compartilhados sem o seu consentimento.

Também idealizada pela Think Olga e utilizando a *hashtag* como ferramenta articuladora, a campanha *#primeiroassédio* surgiu em 2014, a partir do apoio coletivo oferecido por mulheres a uma menina de 12 anos que havia sido alvo de comentários sexuais na internet após participar de um *reality show* de culinária na televisão brasileira. A campanha convidava as usuárias da rede a compartilhar suas histórias pessoais de primeiros assédios em espaços públicos.

Em apenas três dias, foram mais de 65 mil postagens no X. As respostas foram posteriormente tabuladas, organizadas e divulgadas. Segundo as responsáveis, constatou-se que a idade média do "primeiro assédio" corresponderia aos 9 anos de idade, sendo a maior parte das abordagens assediadoras cometida por conhecidos (65%).[8] A cam-

---

8 Think Olga, *Primeiro Assédio*, 2018.

panha inspirou iniciativas semelhantes pelo mundo, com a *hashtag* em língua espanhola (#MiPrimerAcoso) mobilizada por mulheres latino-americanas.

Em 2017, um homem foi preso após ejacular em uma mulher dentro de um ônibus na cidade de São Paulo. Esse ocorrido desencadeou acirradas disputas e controvérsias entre profissionais do Direito, membros do sistema de justiça e militantes feministas brasileiras, especialmente no que diz respeito às dificuldades de enquadrar legalmente o caso entre as figuras penais previstas na legislação até então: estupro ou contravenção de importunação ofensiva ao pudor. O caso, que capturou a atenção do ativismo feminista, da internet e da mídia tradicional, expôs a falta de instrumentos legais para lidar com essas situações de forma eficaz, tornando mais difícil a denúncia ou qualquer ação por parte das mulheres.

Para as autoridades, isso não pôde ser considerado estupro devido à ausência de uso de força física ou outras formas de coerção e à dificuldade em determinar a "vulnerabilidade" da "vítima" (não se sabia se ela estava dormindo ou distraída). Além disso, a contravenção previa uma punição mínima e claramente insuficiente para abordar a gravidade daquele comportamento. Na ocasião, foi concluído que a legislação brasileira era frágil, não oferecendo, de forma geral, tipos penais adequados para situações de assédio no transporte público.

Em maio de 2016, um vídeo circulou pelo X mostrando uma adolescente carioca de 16 anos sendo violentada por mais de 30 homens. A repercussão dos eventos demonstrou o papel ambivalente da internet e das redes sociais na violação, reivindicação e manutenção de direitos. Enquanto o vídeo gerou escárnio, ofensas e julgamentos morais online, também foi por meio da internet que diversos atos de apoio foram organizados, tanto online quanto offline, culminando inclusive no afastamento do primeiro delegado responsável pela investigação.

No mesmo ano, uma pesquisa nacional realizada pelo Datafolha, instituto de pesquisa vinculado a um dos jornais mais antigos do país, o *Folha de S. Paulo*, revelou que 42% das brasileiras com 16 anos ou mais admitiram ter sido vítimas de abuso sexual, assédio na rua e no transporte público. Entre as mais jovens, de 16 a 24 anos, a taxa de vítimas de assédio nas ruas (45%) estava acima da média e diminuía com a idade, chegando a 11% entre as mulheres com mais de 60 anos. A cor da pele também foi um fator influente, com aproximadamente 45% das mulheres negras relatando terem sido assediadas, em comparação com 40% das brancas.

Segundo especialistas entrevistados pelo jornal *Folha de S. Paulo*, é provável que o percentual real de mulheres assediadas seja ainda maior, já que a subnotificação é motivada pelo medo ou pela vergonha de compartilhar experiências. Esse é um dos principais obstáculos no combate ao abuso contra as mulheres. A falta de campanhas educativas e de acesso à justiça também mina a coragem para denunciar.

Os dados sobre o tema tendem a variar em diferentes pesquisas. Um estudo realizado em 2016 pela organização ActionAid[9] mostrou um índice ainda mais alto: 86% das 503 brasileiras entrevistadas relataram ter sofrido assédio público. O Brasil liderou o ranking de assédio, empatado com a Tailândia (86%), seguido por 79% na Índia e 73% no Reino Unido.

No mesmo período, assim como nos Estados Unidos, o Brasil testemunhou a proliferação de debates e denúncias sobre casos de violência sexual contra mulheres em universidades e faculdades, que levaram à criação de políticas de combate e punição ao assédio.[10] O diagnóstico feito por ativistas era o de que as instituições brasileiras, assim como suas congêneres dos Estados Unidos, careciam de instrumentos adequados para processar as denúncias e, com isso, passavam a mensagem de não tratar a questão com a seriedade adequada.

Apesar de entraves burocráticos e políticos dentro e fora das instituições, via articulação de denúncias coletivas, algumas instituições se organizaram para criar políticas, protocolos e canais específicos, como a Universidade Estadual de Campinas (Unicamp), que em 2020 aprovou um protocolo de acolhimento multidisciplinar de queixas e de encaminhamentos de denúncias, e a Universidade de São Paulo (USP), que em

---

9 "Em pesquisa da ActionAid, 86% das brasileiras ouvidas dizem já ter sofrido assédio em espaços urbanos", ActionAid, Rio de Janeiro, 2016. Disponível em <https://actionaid.org.br/na_midia/em-pesquisa-da-actionaid-86-das-brasileiras-ouvidas-dizem-ja-ter-sofrido-assedio-em-espacos-urbanos/> Acesso em 30 jul. 2024.

10 R. de O. Andrade, *Antídotos contra o assédio: universidades brasileiras criam políticas de combate à importunação e à violência sexual*, 2022.

dezembro de 2021 conseguiu a exoneração de um docente de engenharia química acusado de assédio sexual e moral por oito alunas.

Casos de violências sexuais contra mulheres não são, infelizmente, novidade. O que é novo e surpreendente é que, na última década, graças ao posicionamento de mulheres que compartilharam suas experiências de violações de forma corajosa, a ativistas que se mobilizaram para articular manifestações, campanhas e demandas por mudanças de atitude perante violações, a profissionais engajados que descortinam as especificidades dos crimes cometidos contra mulheres e clamam por intervenções e leis que responsabilizem e punam agressores, as diferentes formas de violência sexual contra mulheres têm ocupado um espaço central nos debates públicos. E, com isso, o consentimento tem estado cada vez mais presente em debates sobre direitos, autonomia e prazer.

💬 PARA CONTINUAR A CONVERSA

Panoramas da violência contra mulheres nas universidades brasileiras e latino-americanas (Brasília: OAB Editora, 2022) é um livro organizado pelas pesquisadoras Tânia Mara Campos de Almeida e Valeska Zanello, ambas da Universidade Estadual de Brasília (UnB). Como parte de uma coletânea que oferece um panorama internacional e nacional, também traz resultados de pesquisas e estudos de caso sobre assédio sexual em ambientes universitários no Brasil e em outros países da América do Sul.

Rompendo o silêncio (2021), série documental de Marina Person e Giuliano Cedroni sobre a cultura da violência nas universidades brasileiras.

Chega de Fiu Fiu (2018), documentário de Amanda Kamanchek e Fernanda Frazão sobre a presença do assédio sexual contra mulheres no espaço público brasileiro.

Meu corpo não é seu (2015), livro de Juliana de Faria, fundadora do Think Olga, sobre assédio sexual contra meninas e mulheres no Brasil.

MANADA DE LOBOS: A ESPANHA É AQUI?

Sexo sem consentimento é estupro. A frase parece bem evidente e autoexplicativa, mas a presença do termo consentimento é bastante recente em conversas, debates, intervenções e leis sobre violências e direitos sexuais.

Em agosto de 2022, a Espanha sancionou uma lei baseada no consentimento para lidar com casos de violações sexuais. De acordo com a normativa espanhola, o consentimento só é considerado válido na presença de um claro "sim", não podendo ser presumido em nenhuma circunstância. Essa mudança legislativa foi resultado de um longo processo de reivindicação das mulheres espanholas e ganhou destaque após um trágico caso ocorrido em 2016: o estupro coletivo de uma jovem na cidade de Pamplona durante o festival anual de corrida com touros, que é o principal evento da cidade conhecido internacionalmente.

O festival de Pamplona combina celebração religiosa em honra ao santo padroeiro da cidade, São Firmino, com o costume controverso de pessoas correrem pelas ruas ao lado de touros. Todas as manhãs, os mais corajosos participantes correm à frente de um grupo de touros que serão posteriormente abatidos. O festival ganhou uma reputação de ser liberal em termos de comportamento sexual. Em 2013, fotos de mulheres sendo assediadas por grupos de homens durante o evento circularam na internet, gerando indignação e debate intenso, o que levou a cidade a criar uma campanha antiassédio, distribuindo pôsteres e panfletos.

No fatídico ano de 2016, a jovem espanhola de 18 anos foi abordada por um rapaz durante o festival; ele estava acompanhado de seus amigos autodenominados "a manada". A jovem foi encurralada em um local estreito e violentada em série pelos cinco rapazes, que também filmaram o ato. Após o ocorrido, os agressores retornaram à festa e foram posteriormente presos pela polícia.

O caso, conhecido mundialmente como "a manada de lobos", mobilizou a opinião pública espanhola durante o julgamento, gerando debates na imprensa, nas redes sociais, no sistema de justiça e entre ativistas pelos direitos das mulheres. Durante o julgamento, a jovem relatou ter se sentido paralisada quando se viu isolada com os homens, e que, após o incidente, foi inundada por sentimentos de culpa e vergonha. Ela passou a sofrer de pesadelos, insônia e dificuldade de concentração, chegando ao ponto de não conseguir realizar as provas da universidade no fim do semestre. Enquanto isso, os acusados alegaram que tudo havia sido consensual.

Apesar de diversos registros encontrados no grupo de WhatsApp dos amigos "lobos", incluindo piadas sobre drogar mulheres para práticas sexuais, os acusados foram, dois anos após o ocorrido em Pamplona, inocentados do crime de estupro e condenados por um crime considerado menos grave na Espanha, o de abuso sexual. A interpretação da lei determinou que, por não ter havido uso de força ou coerção, o crime não poderia ser categorizado como estupro, resultando em uma sentença de nove anos de prisão, em vez dos 25 previstos.

O veredito do caso da "manada de lobos" em Pamplona provocou reações intensas de ativistas espanholas, que saíram às ruas e se organizaram exigindo mudanças na legislação. Um vídeo de apoio à vítima intitulado "Yo te creo" [Eu acredito em você] viralizou no YouTube, enquanto a *hashtag* #Cuentálo [Conte sua história] reuniu dezenas de milhares de relatos pessoais de violência sexual. Esse movimento foi considerado pela imprensa uma espécie de #MeToo espanhol.

A repercussão do caso "manada de lobos" gerou reações em apoio às vítimas por parte das mulheres, além de movimentos de legisladores para alterar a lei e eliminar a diferenciação entre estupro e abuso sexual. Contudo, também deu origem a uma onda de ataques misóginos organizados em fóruns especializados na internet. Embora o caso tenha ocorrido na Espanha, suas semelhanças com situações que acontecem diariamente no Brasil e em outros lugares do mundo são perturbadoras.

Infelizmente, casos de violência sexual contra mulheres não são novidade. O que é novo e surpreendente é que, na última década, as diferentes formas de violência sexual contra mulheres têm ocupado um espaço central nos debates públicos graças ao posicionamento corajoso de mulheres que compartilharam suas experiências de violação, ao ativismo que se mobilizou para exigir mudanças de atitude e leis mais rigorosas, e aos profissionais engajados que destacaram as especificidades desses crimes e clamaram por intervenções. E, com isso, o consentimento tem sido cada vez mais discutido em relação aos direitos, à autonomia e ao prazer feminino.

AS LEIS "*SIM É SIM, NÃO É NÃO*"

A Espanha foi um dos últimos países, no passado recente, a criar uma legislação baseada no consentimento. Em diversas iniciativas legislativas, o consentimento se tornou central em discussões sobre mulheres, direitos, violências e prazer sexual, sendo constantemente acionado em demandas por autodeterminação e maior autonomia no uso de corpos e prazeres.

Aliás, o caso envolvendo o jogador de futebol Daniel Alves, condenado pelo crime de estupro contra uma moça nas dependências da casa noturna Sutton, em Barcelona, sobre o qual vamos tratar mais adiante, despertou atenção para a importância do protocolo espanhol "No Callen", criado pelo governo de Barcelona em 2018 para enfrentar situações de violência de gênero em espaços de lazer, como boates, restaurantes ou bares.

Exemplo de evolução legislativa na Espanha, o protocolo é estruturado em ações de prevenção à violência, acolhimento e proteção à vítima, com respeito à sua privacidade e autonomia, exigindo a capacitação de funcionários para saber como agir em casos de violência contra as mulheres. Na ocasião da boate Sutton, funcionários do local notaram o comportamento da vítima e acionaram as autoridades. Em depoimento à justiça espanhola, um deles afirmou que foi muito difícil convencer a vítima a denunciar e ativar protocolo de agressão sexual, posto que ela repetia que "não iam acreditar nela".

Com a repercussão do caso e a rápida prisão do jogador, diversas iniciativas legislativas para um protocolo semelhante no Brasil foram apresentadas por parlamentares nos âmbitos municipal, estadual e federal.

No final de dezembro de 2023 foi publicada a Lei nº 14.786/2023, que no âmbito nacional cria o protocolo "*Não é Não*", ferramenta para proteção das mulheres, prevenção e enfrentamento ao constrangimento e à violência contra elas, além de instituir o selo *"Não é Não* – Mulheres Seguras". A lei determina que o protocolo seja aplicado em casas noturnas, boates, espetáculos musicais realizados em locais fechados e shows com venda de bebida alcoólica, além de eventos esportivos.

Alguns dos avanços trazidos pelo texto determinam que os lugares citados devem ostentar de forma visível informações sobre canais de denúncia, bem como ter ao menos um profissional qualificado para prestar informações à mulher vítima sobre seus direitos, o que inclui respeito às suas decisões e acompanhamento por pessoa de sua escolha.

Na hipótese de indícios de violência, o protocolo impõe que, no local, sejam adotadas medidas de proteção, como: afastamento imediato do agressor e apoio à mulher vítima; acionamento da polícia; preservação de vestígios; colaboração na identificação de testemunhas; e disponibilização de imagens de câmeras de segurança às autoridades.

O texto da nova lei tem recebido uma série de críticas por parte dos profissionais responsáveis por sua aplicação, em especial no que se refere à expressa exclusão do emprego da lei aos "cultos ou outros eventos realizados em locais de natureza religiosa".

No mais, não custa lembrar: toda lei precisa de esforços contínuos para que se torne prática e a população sinta seus efeitos.

AS LEIS CALIFORNIANAS

Criada em 2014 pelo estado da Califórnia, a Lei SB 967[11] é considerada a primeira legislação baseada no consentimento. Ela ganhou o apelido midiático de "Lei *Sim* significa *Sim*" ao estipular que o silêncio bem como a ausência de protesto, de resistência ou da palavra "não" não implicariam anuência para o sexo ou outras formas de interações sensuais e amorosas. No seu texto, a lei californiana define que "a aquiescência deve ser explícita, afirmativa, consciente, voluntária, e a existência de um relacionamento sexual/emocional não deve ser um indicador implícito de consentimento".[12]

A movimentação dos Estados Unidos teve efeito cascata para outros contextos nacionais e/ou locais, entre eles o Brasil, o que ilumina certo caráter transnacional comum às demandas por consentimento. Em 2018, a Suécia também optou por mudanças legislativas semelhantes. De acordo com sua nova normativa, tem-se que, se alguém interagir sexualmente com uma pessoa que se mantém imóvel ou dando sinais ambíguos, deve certificar-se de que ela está disposta à interação.

---

11 Redigida por dois parlamentares do Partido Democrata, a normativa não é uma lei penal (que descreve crimes), constituindo-se uma emenda ao código educacional do estado. Pouco tempo depois, a Califórnia também aprovaria a Lei SB 695, que orienta instituições de ensino a disponibilizarem, em seus programas curriculares, abordagens de popularização do "consentimento afirmativo", bem como a criarem protocolos específicos de atendimento, processamento e encaminhamento de denúncias de abuso sexual. K. de Léon e H.-B. Jackson, *Why we Made "Yes Means Yes" California Law* [Por que criamos a lei "Sim significa sim" na Califórnia], 2015.

12 "It is the responsibility of each person involved in the sexual activity to ensure that he or she has the affirmative consent of the other or others to engage in the sexual activity. Lack of protest or resistance does not mean consent, nor does silence mean consent." [É responsabilidade de cada pessoa envolvida na atividade sexual garantir que ela tenha o consentimento afirmativo da outra ou de outras pessoas para se envolver na atividade sexual. A falta de protesto ou resistência não significa consentimento, nem o silêncio significa consentimento.], SB-967, *Student Safety*: *Sexual Assault* [Segurança dos estudantes: assédio sexual], 2014.

Ao longo dos anos seguintes, diversos países da União Europeia adotaram definições jurídicas de estupro baseadas na ausência de consentimento. Entre eles estão: Bélgica, Croácia, Chipre, Dinamarca, Alemanha, Grécia, Islândia, Irlanda, Luxemburgo, Malta, Reino Unido, Suécia e Espanha. Essas legislações romperam com o padrão anterior, que exigia presença de coerção, uso da força física, ameaça ou impossibilidade de defesa de uma das partes para que um ato sexual fosse considerado estupro.

As novas leis reconhecem que, na experiência feminina, a maioria dos estupros não se encaixa nos estereótipos do "desconhecido que sai do beco escuro". Mulheres são frequentemente violentadas sexualmente por amigos, conhecidos e até parceiros. Algumas ficam em choque e não reagem.

As leis intituladas "*Sim* Significa *Sim*" podem ser entendidas por meio de um conceito cunhado por uma pesquisadora dos Estados Unidos chamada Amy A. Hasinoff. Ela nomeia essas definições de "consentimento afirmativo",[13] isto é, a ideia de que a existência de alguns critérios poderia garantir que as interações sexuais, sensuais e amorosas sejam sadias e respeitosas.

Afirmativo, consciente e voluntário, o consentimento da normativa californiana resultaria de um entendimento mútuo, explícito e não ambíguo entre as partes, sendo "responsabilidade de cada pessoa envolvida assegurar que ele ou ela detenham o 'consentimento afirmativo' do outro ou de outros para fazer parte de uma atividade sexual".

Como já mencionamos, o consentimento tem sido alardeado como uma espécie de solução infalível para situações potencialmente conflituosas, violadoras, violentas e criminosas em se tratando de sexo. Em outras palavras, o consentimento tem sido defendido como métrica para as definições de abuso e violação. Teve consentimento? Sexo sadio. Faltou consentimento? Violência.

---

13 A. A. Hasinoff, *Sexting Panic: Rethinking Criminalization, Privacy, and Consent* [Sexting Panic: Repensando a criminalização, a privacidade e o consentimento], 2015.

"
Toda lei, não custa lembrar, precisa de esforços contínuos para que se torne prática e a população sinta seus efeitos.
"

Só que consentimento é uma noção complexa e cheia de ambivalências que parece autoexplicativa, mas gera uma série de limites e questionamentos, podendo ser uma solução bastante frágil. Falar em consentimento invariavelmente envolve abordar relações, desigualdades e poder, algo muito mais complexo do que apenas garantir a existência de uma concordância enfática. Voltaremos a este tópico mais à frente.

IDADE PARA O CONSENTIMENTO SEXUAL: VARIAÇÕES NA HISTÓRIA E NO MUNDO

A idade para o consentimento sexual é aquela a partir da qual se pode considerar, em termos legais, que uma pessoa teria capacidade de consentir com um ato sexual. Em outras palavras, seria a idade mínima considerada aceitável para exercer atividades sexuais.

Quando a pessoa envolvida está abaixo dessa idade, é considerada uma vítima de violência sexual, pois é entendida como vulnerável. Esse marco geralmente é definido pelo Estado por meio das leis. No Brasil, a idade de consentimento para o sexo é, em geral, de 14 anos. Ou seja, se um adolescente de até 14 anos participar de algum ato sexual, não há que se falar em consentimento válido.

As leis brasileiras referentes à idade para o consentimento mudaram ao longo do tempo, refletindo a evolução dos costumes e das percepções sobre a violência sexual. Inicialmente, o Código Imperial presumia violência em atos sexuais com menores de 17 anos. Posteriormente, o Código Penal de 1890 reduziu essa presunção para menores de 16 anos. Finalmente, o Código Penal de 1940 diminuiu a presunção de violência para menores de 14 anos, substituindo-a pelo conceito de "vulnerabilidade absoluta" até essa idade, conforme a reforma penal de 2009.

A primeira lei de idade para o consentimento registrada remonta a 1275 na Inglaterra. O Estatuto de Westminster mencionava o delito de "desflorar uma donzela fora de idade", sendo "dentro da idade" a idade para casamento, que na época podia ser algo próximo dos 12 anos.

Em 1875, a idade de consentimento foi aumentada para 13 anos no Reino Unido e, em 1885, foi estabelecida em 16 anos, o padrão atual.

A primeira constituição francesa de 1791 fixou a idade mínima de consentimento em 11 anos. Na mesma época, Portugal, Espanha, Dinamarca e cantões suíços inicialmente estabeleceram essa idade entre 10 e 12 anos. Na França, o Código Napoleônico de 1832 fixou a idade do consentimento em 11 anos, sendo alterada para 15 anos em 1945.

Nos Estados Unidos, até a década de 1880, a maioria dos estados estabelecia a idade mínima para o consentimento entre 10 e 12 anos. Foi apenas no século XX que essa faixa etária passou para 16 ou 18 anos, variando conforme o estado.

As variações na idade a partir da qual se considera a pessoa apta para consentir, ao longo do tempo e entre países, revelam como as noções de sexo, infância e violência sexual se transformam em diferentes contextos e momentos históricos, influenciadas por movimentos sociais, costumes e disputas políticas.

A idade para o consentimento sexual é um conceito complexo, pois a lei deve sinalizar para os adultos, majoritariamente homens, quem é considerado criança demais ou não suficientemente adulto para ser sexualizado.

Além disso, embora definidos em lei, vê-se que, em muitos casos envolvendo meninas adolescentes, em geral com idades em que os limites da infância costumam ser mais contestados, persistem os questionamentos relacionados à capacidade para a compreensão do ato sexual, com base em argumentos como "inocência sexual" ou experiência sexual anterior.

É importante salientar, também, que a idade para o consentimento não deve ser confundida com a maioridade penal, idade a partir da qual alguém pode ser responsabilizado por crimes cometidos, ou a maioridade civil, marco temporal a partir do qual se é considerado um cidadão completamente responsável por atos da vida civil.[14]

---

14 K. Gleeson e C. Lumby, *The Age of Consent: Young People, Sexual Abuse and Agency* [A idade do consentimento: jovens, abuso sexual e agência], 2019; G. Vigarello, *A History of Rape: Sexual Violence in France from the 16th to the 20th Century* [História do estupro: violência sexual na França do século XVI ao século XX], 2021.

4

MITOS SOBRE ESTUPRO E ABUSOS SEXUAIS

Durante muito tempo a violência sexual foi percebida como um evento marginal, raro e resultante de questões psicopatológicas de alguns homens. Com o surgimento dos movimentos feministas, no entanto, essa percepção passa a ser questionada, e a violência sexual começa a ser compreendida como um exercício de dominação de homens sobre as mulheres.[1] É nesse momento que nasce, então, a expressão "cultura de estupro".[2]

Cunhada na década de 1970 pelo movimento de mulheres, tal expressão tinha como principal objetivo chamar atenção para a existência de padrões e visões que, por seu conteúdo misógino, alimentam a discriminação de gênero e normalizam a violência sexual ao promover um ambiente propício ao estupro. Acredita-se que o primeiro uso do termo *cultura do estupro* aconteceu no filme *Rape Culture* (1975), um documentário produzido pela Universidade de Cambridge que inclui entrevistas com estupradores e vítimas, além de ativistas importantes, e que mostra como a mídia e a cultura popular ajudaram a perpetuar estupros.[3]

---

1 A.S. Scarpati, *Os mitos de estupro e a (im)parcialidade jurídica: a percepção de estudantes de Direito sobre mulheres vítimas de violência sexual.* Dissertação de Mestrado, Programa de Pós-Graduação em Psicologia, Universidade Federal do Espírito Santo, 2013.
2 M.D. Smith. *Encyclopedia of Rape*, 2004, p. 174.
3 E.J. Wiliams in *Blackwell Encyclopedia of Sociology – Rape Culture* [Enciclopédia Blackwell de sociologia – A cultura do estupro], 2012.

💬 PARA CONTINUAR A CONVERSA

Kate Manne, professora de filosofia da Universidade de Cornell e autora do livro *Down Girl: the Logic of Misogyny* (2017), argumenta que a misoginia não deve ser entendida principalmente em termos do ódio ou da hostilidade que alguns homens sentem por todas ou pela maioria das mulheres. Ela sugere que pensemos a misoginia não como oriunda de comportamentos ou escolhas individuais, mas como um sistema social que se espalha na cultura, nos valores e nas instituições, e que tem como objetivo controlar e policiar comportamentos

> **Misoginia**, segundo o dicionário Oxford: substantivo feminino; ódio ou aversão às mulheres; aversão ao contato sexual com as mulheres. A origem desse termo é grega e vem dos vocábulos *miseó*, que significa "ódio", e *gyné*, que tem como tradução "mulher". Este termo é usado para definir sentimentos de repulsa ou desprezo pelas mulheres e/ou quaisquer valores femininos que se traduzem em práticas machistas e corroboram a crença de superioridade de homens sobre as mulheres.

esperados nas mulheres – subordinação, cuidado e amor –, bem como punir as mulheres que desafiam essa posição.

Kate usa como exemplo uma série de situações recentes, como o caso do atirador que alvejou 20 pessoas em Isla Vista, Califórnia, em 2014, anunciando que queria punir as mulheres por rejeitá-lo, bem como discursos de líderes políticos, como o ex-presidente dos Estados Unidos, Donald Trump, para demonstrar que a misoginia é muito presente em nosso cotidiano. Na internet, têm se tornado cada vez mais comuns grupos de homens que defendem abertamente ideias misóginas, inclusive no Brasil. Para saber mais, procure o livro *Misoginia na internet*, da Mariana Valente, lançado no Brasil em 2023.

Na lógica discutida, o que chamamos de misoginia é o resultado de diversos fatores. Entre eles estão o reforço dos papéis tradicionais de gênero (por exemplo, "azul é de menino, rosa é de menina"); a aceitação da violência interpessoal como uma forma legítima de relacionamento (como "agredir a namorada por ciúmes") ou de resolução de conflitos entre meninos e entre homens; o endosso de crenças sexuais prejudiciais (como "mulheres são manipuladoras e homens só querem sexo"); e a objetificação sexual do corpo de meninas e mulheres (como olhares "maliciosos" quando uma mulher passa na rua).

Apesar de todos os avanços, ainda encorajamos meninos e homens a adotarem valores de poder, controle, dominação, insensibilidade, competitividade, sexualidade e agressividade. Ao mesmo tempo, desencorajamos a expressão de quaisquer formas de afeto, sensibilidade, vulnerabilidade e cooperação.

Das meninas e mulheres, por outro lado, esperamos o oposto: que sejam "puras", "bem-comportadas", "que se deem o devido valor" e que sejam recatadas sexualmente. Esperamos que demonstrem seus afetos e suas fragilidades, que saibam prever movimentos e investidas masculinas e que se abstenham do uso de qualquer forma de agressividade e violência – exceto nas situações em que são chamadas a lutar contra os avanços sexuais masculinos.[4]

---

4 N.L. Johnson e D.M. Johnson. *An Empirical Exploration Into the Measurement of Rape Culture* [Uma exploração empírica na medição da cultura do estupro], 2021.

PAPÉIS DE GÊNERO

São padrões e expectativas de comportamentos atribuídos desde a infância e que fazem referência a um ideal de "feminino" e "masculino". Esses papéis são aprendidos por meio de interações sociais (como entre membros de uma família, na escola etc.) em diferentes culturas, ou mesmo dentro de uma mesma cultura, e se refletem em comportamentos e formas de interação (entre e intragrupos), por exemplo.

De modo resumido, então, entende-se por cultura do estupro as maneiras pelas quais reforçamos a virilidade masculina, condenamos a sexualidade feminina,[5] culpamos as vítimas de violência sexual e normalizamos o comportamento violento dos homens nessa seara,[6] o que se materializa em "piadas" inapropriadas, uso de linguagem depreciativa (p. ex., vadia, puta e outros), banalização e legitimação de normas, além de comportamentos e práticas sociais que não apenas permitem, mas também incentivam que esse tipo de violência aconteça.

Ao falarmos da existência de uma "cultura do estupro", não estamos insinuando a promoção dessa violência como algo "positivo" ou desejado. Estamos, na verdade, chamando a atenção para as diferentes formas por meio das quais a sociedade cria e/ou que encontra para justificar, naturalizar e/ou fomentar essa violência contra a mulher, seja por meio de atos explícitos ou implícitos de violência de gênero. Assim, em algumas sociedades, a violência sexual contra mulheres acaba sendo vista como uma faceta inevitável da vida cotidiana.[7]

Essas atitudes ocorrem em níveis individuais, grupais, institucionais e culturais, resultando em uma alta taxa de crimes sexuais cometidos contra mulheres. Portanto, é crucial que quaisquer ações de prevenção, proteção ou responsabilização impactem não apenas os indivíduos diretamente envolvidos, mas também promovam mudanças nesses outros níveis. Essa tarefa continua sendo um grande desafio, pois ainda não somos capazes de estimar corretamente a magnitude desse fenômeno. As vítimas muitas vezes silenciam-se, não reconhecem as violências sofridas ou enfrentam a ausência de registros e dados confiáveis.[8]

---

5 A.S. Scarpati, op. cit.
6 ONU, *Por que falamos de cultura do estupro*, 2016.
7 A. Cappiccie e R. Wyatt, *The Rape Culture and Violence Legitimization Model: Application to Disney's Maleficent* [*O modelo de cultura do estupro e legitimização da violência: aplicação ao filme Malévola, da Disney*], 2021.
8 A.S. Scarpati, op. cit.

SUB·NO·TI·FI·CA·ÇÃO
(*subnotificar* + *-ção*)

substantivo feminino
Ato ou efeito de subnotificar ou de notificar menos do que seria esperado ou devido (ex.: *subnotificação da doença; subnotificação de acidentes de trabalho*).*

Com alguma frequência, a agressão sexual de mulheres adolescentes e adultas tem sido chamada de epidemia silenciosa, porque ocorre em altas taxas, mas raramente é denunciada às autoridades.** Vários motivos contribuem para a subnotificação dos casos de agressão sexual: muitas vítimas não contam aos outros sobre a agressão porque temem que não acreditem nelas, enquanto outras podem não perceber que realmente sofreram estupro ou agressão sexual legalmente definidos porque o incidente não se encaixa no cenário protótipo de "estupro real". Há ainda aquelas que temem alguma forma de retaliação por parte do agressor.

* Dicionário Priberam da Língua Portuguesa.
** M.P. Koss, *Hidden Rape: Sexual Aggression and Victimization in a National Sample of Students in Higher Education* [Estupro oculto: agressão sexual e vitimização em uma amostra nacional de estudantes do ensino superior], 1988, p. 325.

Para compreender melhor esse cenário, vamos falar um pouco sobre o que são os *mitos de estupro*.

MITOS DE ESTUPRO E O "ESTUPRO REAL"

A violência sexual – e mais precisamente o estupro – precisa ser entendida como um evento cheio de significados sociais e históricos no que se refere às suas causas, dinâmicas, consequências, discursos ou mesmo números. Olhando retrospectivamente, por exemplo, é possível perceber como o estupro ganhou características de um evento marcado por danos físicos a partir do momento que começou a ser pensado pelo viés da medicina. Nesse contexto, o estupro "verdadeiro" ou "real" deveria seguir algumas "regras": acontecer em um local escuro e deserto, ser praticado por um homem contra uma mulher (desconhecidos), de maneira muito violenta (roupas da vítima seriam rasgadas com violência e haveria a presença de sangue, hematomas e dor) e sem quaisquer testemunhas.

Nesse cenário, a vítima é deixada nua e machucada em algum lugar deserto, demonstrando a crueldade do ato. Qualquer cenário distinto desse se torna suficiente, portanto, para gerar dúvidas e questionamentos acerca da veracidade da violência praticada.[9] Apesar de ser uma cena possível, sabemos que a maioria das ocorrências envolve, na verdade, cenários e personagens bem diferentes: agressores conhecidos da vítima, pouca ou nenhuma violência física e ambientes familiares a ambos. Estamos falando, por exemplo, de casos que ocorrem dentro das casas das vítimas ou de seus agressores, e que envolvem amigos, (ex)companheiros, parentes, chefes/superiores, colegas de trabalho, entre outros.[10]

---

9 A.S. Scarpati, op. cit.

10 *End Violence Against Women Coalition* [Coalizão pelo fim da violência contra as mulheres], *Attitudes to Sexual Consent* [Atitudes em relação ao consentimento sexual], 2018.

Esse descompasso entre o estereótipo da violência sexual – ou o que chamamos de *mitos de estupro* – e a realidade dos fatos faz com que, ainda hoje, vítimas, agressores, profissionais e ativistas interessados no tema do enfrentamento da violência sexual contra meninas e mulheres encarem uma série de desafios.

Pela definição mais clássica, os *mitos de estupro* podem ser entendidos como "preconceitos, estereótipos ou crenças falsas sobre estupro, vítimas de estupro e estupradores".[11] Essas atitudes e crenças, apesar de não representarem a realidade, são amplamente persistentes e servem para: a) transferir a responsabilidade da violência do agressor para a vítima, b) minimizar os impactos da violência na vida das vítimas, c) demarcar quais espaços sociais podem ser frequentados pelas mulheres (seja por medo e coerção, seja por convencimento), d) promover a objetificação sexual do corpo feminino e, por fim, e) alimentar uma série de erros sobre o tema (os *mitos de estupro*).

Por isso, não é incomum que, após a ocorrência de um episódio de violência sexual, muitas vítimas sejam responsabilizadas pelo ocorrido. Afinal, se a violência se faz presente, é porque elas "se colocaram em situações de risco", "provocaram seus agressores" ou não foram capazes de se proteger adequadamente.

---

[11] M. R. Burt, *Cultural Myths and Supports for Rape* [Mitos culturais e apoios para o estupro], 1980, p. 217-230.

RESPONSABILIZAÇÃO OU CULPABILIZAÇÃO DA VÍTIMA

Ocorre quando a vítima/sobrevivente de violência sexual é responsabilizada parcial ou totalmente pela violência sofrida. Esses discursos refletem uma série de crenças sobre papéis de gênero, sexo e sexualidade, e acabam por minimizar a gravidade dessa violação e normalizar sua ocorrência.

Diferentemente do que acontece em outros crimes violentos, nos quais as vítimas geralmente não precisam explicar o que "fizeram" para se tornar alvo do perpetrador, as vítimas de violência sexual são muitas vezes forçadas a defender sua inocência.

Para conhecer um caso emblemático ocorrido nos Estados Unidos, em que a vítima não apenas foi desacreditada, como posteriormente condenada a indenizar o estado por supostamente denunciar um crime mentiroso, e anos depois teve sua história comprovada a partir de evidências trazidas por meio de outra investigação, procure o livro: *Falsa acusação: uma história verdadeira*, de Christian Miller e Ken Armstrong, publicado no Brasil pela editora LeYa em 2019. A história também inspirou a série *Inacreditável*, da Netflix, do mesmo ano.

Em um ciclo que se retroalimenta, o que vemos, então, é a questão determinante na maioria dos casos de estupro ser baseada nas afirmações sobre comportamentos sociais típicos de cada gênero e no nosso entendimento dos contornos da violência, relacionando-se diretamente com o que descrevemos sobre o termo *cultura de estupro*.

Esses mitos, com efeito, classificam algumas mulheres como vítimas legítimas de estupro (p. ex., as mulheres "honestas"), atribuindo a outras o lugar de "merecedoras" ou culpadas. Da mesma forma, classificam alguns estupros como estupros "reais" e outros como "algo não tão grave assim", flexibilizando os termos utilizados e o nível de responsabilidade do agressor: monstro, perverso *versus* vítima de alguma forma de manipulação, vingança ou armadilha feminina. Por fim, o endosso – individual ou coletivo – desses mitos ajuda a minimizar os efeitos dessa forma de agressão cometida contra a mulher, sendo utilizado por homens e mulheres de maneira distinta.

O caso Robinho é um exemplo. Ex-jogador da Seleção Brasileira e ídolo do Santos, Robinho foi condenado na Itália por crimes sexuais contra uma jovem de nacionalidade albanesa, cometidos em uma boate de Milão em 2013. O caso envolveu outros cinco acusados, mas apenas Robinho e outro amigo foram condenados. Em 2022, a 3ª Seção Penal do Supremo Tribunal da Cassação de Roma, última instância da justiça italiana, manteve a condenação que o ex-jogador havia recebido: nove anos de prisão.

Nessa ocasião, entretanto, o jogador já estava no Brasil. Como nosso país não autoriza a extradição de brasileiros natos, isto é, aqueles que nasceram aqui, a justiça italiana pediu oficialmente que o cumprimento da pena fosse viabilizado em território brasileiro. Em termos jurídicos, trata-se de uma transferência da execução da pena imposta, que precisa ocorrer a partir da homologação da decisão da Itália pelo Supremo Tribunal de Justiça brasileiro.

Em março de 2024, a Corte Especial do Superior Tribunal de Justiça, formada pelos ministros mais antigos, decidiu por maioria de votos (9×2) que a sentença italiana cumpre as formalidades previstas na legislação nacional e que Robinho deveria, portanto, cumprir a pena imposta pela justiça italiana no Brasil, expedindo-se mandado de prisão. A defesa do jogador interpôs recurso em face dessa decisão.

Sobre o caso, é público que, em várias situações, Robinho negou ter praticado estupro contra a vítima, chegando a contestar, de início, qualquer participação no ocorrido. Posteriormente, diante das evidências, admitiu a prática de sexo oral, mas persistiu negando ter sido autor de estupro.

Ocorre que, em trechos de conversas entre o ex-jogador e os amigos interceptadas pela polícia, ele admite que a vítima estava sem condições de reação: "Estou rindo porque não estou nem aí. A mulher estava completamente bêbada. Não sabe nem o que aconteceu." Ainda nas conversas interceptadas, um amigo de Robinho, responsável pela organização da festa na qual ocorreu o crime, rebateu a alegação inicial do jogador de que não teria praticado ato sexual contra a moça: "Tu comeu a nega também, eu te tirei", ao que Robinho responde: "Eu não, pô. Eu tentei, eu tentei. Eu só fiz a tentativa. Eu só tentei." Na sequência, o interlocutor diz: "Mas peraí. Eu vi que você pôs o pau na boca dela". Foi quando Robinho responde, rindo: "Isso aí não é transar, isso aí não é transar."

Em outras conversas interceptadas, o jogador admitiu ter praticado ato sexual com penetração contra a vítima, justificando, dessa vez, contudo, que teria ocorrido de forma consensual. No diálogo com o amigo, Robinho diz: "É, eu comi, pô. Porque ela quis. Onde eu forcei a mina? Eu comi a mina, ela fez chupeta pra mim e depois saí fora. Os caras continuaram lá."[12]

A sequência de justificativas oferecidas pelo jogador, que ora pretende condicionar a existência do crime de estupro à penetração, ora alega consentimento da vítima, mesmo reconhecendo seu estado de embriaguez, tem relação direta com os mitos do estupro, que, como mencionado, classificam como alguns estupros seriam "reais" em detrimento de outros "não tão graves assim", o que autorizaria a flexibilização do nível de responsabilidade do agressor.

---

[12] O Globo, *Caso Robinho volta ao STJ: relembre o que grampos na Itália revelaram sobre estupro*, 2023. Cf. comentários de Cris Fibe em <https://www.uol.com.br/esporte/ultimas-noticias/2024/03/20/fibe-stj-da-recado-sobre-robinho-ter-estuprador-solto--por-ai-e-frustrante.htm>. Acesso em 30 jul. 2024.

Infelizmente, casos dessa natureza não são raros, sobretudo no mundo do futebol, no Brasil e no resto do mundo – do goleiro Bruno, condenado pelo sequestro e a morte de Eliza Samudio, mãe de seu filho, ao técnico Cuca, que chegou a ser condenado na Suíça por participação em estupro ocorrido em 1987.

Passando por acusações de violência doméstica e sexual envolvendo jogadores, a violência contra as mulheres parece adquirir contornos ainda mais dramáticos quando juventude, dinheiro, poder e fama repentina se somam à cultura machista e à noção de impunidade ainda tão presentes na nossa sociedade.

MITOS DE ESTUPRO: USOS

Apesar de homens e mulheres endossarem e perpetuarem os mais diferentes *mitos de estupro*, o uso feito por cada grupo precisa ser considerado, já que apresentam distinções importantes. Homens, por exemplo, tendem a utilizar os *mitos de estupro* para justificar e/ou minimizar sua própria responsabilidade sobre uma agressão cometida e, assim, desengajarem-se moralmente. Da mesma forma, recorrem aos mitos para justificar e/ou minimizar a responsabilidade de outros homens mediante o fato, mantendo uma visão positiva de si mesmos e de seu grupo.

Na prática, isso significa que um homem que acredita que um estupro só acontece em situações envolvendo extrema violência pode, por exemplo, coagir uma mulher a fazer sexo com ele sem que ele se enxergue como um agressor; o ocorrido, como uma violação.

> **Desengajamento moral:** minimização, ignorância ou distorção das consequências de um ato que opera quando as pessoas acreditam fazer o mal pelo bem ou que os fins justificam os meios, minimizando o mal que causam, evitando encará-lo ou negligenciando-o.*
>
> * A.S. Scarpati e A. Pina, "Cultural and Moral Dimensions of Sexual Aggression: The Role of Moral Disengagement in Men's Likelihood to Sexually Aggress" [Dimensões culturais e morais da agressão sexual: o papel do desengajamento moral na tendência à agressão sexual por homens]. *Aggression and Violent Behavior* [Agressão e comportamento violento], v. 37, p. 115-121, 2017.

"

A violência contra
as mulheres parece
adquirir contornos
ainda mais dramáticos
quando juventude,
dinheiro, poder e fama
repentina se somam à
cultura machista e
à noção de impunidade.

"

No que se refere às mulheres, por sua vez, o uso dos *mitos de estupro* ganha outros contornos. Eles são utilizados não para negar um lugar de responsabilidade pelo ocorrido, mas para negar – para si mesmas e para o próximo – sua própria vulnerabilidade. Dito de outra maneira, mulheres tendem a endossar o conteúdo desses mitos para minimizar os danos emocionais relacionados ao reconhecimento de que nenhuma conduta feminina é capaz de garantir a sua segurança ou a segurança de outras mulheres.

Isso nos ajuda a entender por que, diante de notícias de casos de estupro e/ou qualquer outra forma de violência sexual, muitas mulheres "fazem coro" e insuflam os comentários que em um primeiro momento parecem irracionais para muitos de nós. Afinal, como poderia uma mulher acusar outra de ter causado a sua vitimização? Ou, ainda, questionar sua história e seu relato?

O que não se sabe nesses casos é que, mais comumente do que se deseja – ou se poderia esperar –, mulheres adotam uma postura de "conivência" com os ditos discursos machistas alicerçados nesses *mitos de estupro*, a fim de se sentirem protegidas. E, assim, pensam se manter distantes do perigo – por exemplo: se apenas mulheres que "dormem com qualquer um" são estupradas, eu estou segura por não agir dessa maneira.

SERIAM OS MITOS DE ESTUPRO REALMENTE MITOS?

Em alguma instância, os *mitos de estupro* têm o poder de, simultaneamente, culpar a vítima, absolver o agressor e minimizar ou justificar a agressão cometida contra a mulher. Isso se torna possível através de afirmações sobre comportamentos esperados para/em cada gênero, da noção de que algumas mulheres "pedem" pelo estupro (p. ex., pelo comportamento ou pela roupa), de que o estupro é resultado de paixões masculinas incontroláveis e, claro, de uma má interpretação do que seria o consentimento. Dentre os mitos mais comumente endossados estão:

MITO 1

ESTUPROS SÓ OCORREM ENTRE ESTRANHOS EM BECOS ESCUROS OU LUGARES ABANDONADOS

Implicações
Implica que o lar é um lugar seguro, que o estupro pode ser prevenido, desde que certos lugares sejam evitados pelas mulheres, e que o risco se concentra nas relações entre desconhecidos. Como resultado, cria uma falsa sensação de segurança e impede a nomeação de uma série de violências sexuais como tal.

Fatos
A maioria dos estupros é cometida por pessoas conhecidas e as vítimas são meninas de até 14 anos de idade, frequentemente estupradas em suas próprias casas.[13]

Atlas da Violência 2024:

---

[13] Atlas da violência 2024. Disponível em <https://forumseguranca.org.br/publicacoes/atlas-da-violencia/>. Acesso em 30 jul. 2024.

MITO 2

AS VÍTIMAS PROVOCAM AGRESSÕES SEXUAIS QUANDO SE VESTEM DE FORMA PROVOCANTE E/OU CHAMATIVA, E/OU AGEM DE MODO "PROMÍSCUO"

Implicações

Transfere a responsabilidade da agressão do autor da violência para a vítima ao presumir que uma mulher que se veste e/ou se comporta de certa maneira deve ter ciência do risco que está correndo. Mais ainda, associa o comportamento e a roupa ao nível de segurança ou insegurança ao qual uma mulher está submetida.

Fatos

Crimes sexuais são cometidos contra mulheres de diferentes perfis, rendas, níveis de escolaridade e, claro, comportamentos e vestimentas. Basta olhar os dados para que se identifique, por exemplo, que não há qualquer relação (direta ou indireta) entre essas variáveis. Roupas provocantes e comportamentos não são convites para atividades sexuais indesejadas.[14]

---

14 Idem.

MITO 3

MULHERES QUE BEBEM ÁLCOOL OU USAM DROGAS ESTÃO PEDINDO PARA SER ESTUPRADAS

Implicações

Assim como vestimentas e comportamentos não devem servir como justificativa para o cometimento de crimes sexuais, o consumo de bebida alcoólica e/ou qualquer outra substância não deve também assumir esse papel. A responsabilidade pelo ato praticado deve, sempre, ser colocada nas mãos do autor da violência, não interessando, pois, a conduta prévia da vítima.

Fatos

Mulheres adultas têm o mesmo direito que os homens adultos de acessar e consumir álcool, de modo que estar sob a influência de qualquer substância não pode ser visto como um convite à atividade sexual ou, ainda, implicar consentimento. Se uma mulher está sob efeito de qualquer substância (p. ex., álcool ou outras drogas) ou inconsciente, ela não pode consentir com a atividade sexual. Portanto, apenas o estuprador é responsável pelo ato perpetrado.

> Estimativas conservadoras sugerem que 25% das mulheres estadunidenses já sofreram alguma forma de violência sexual, incluindo estupro. Aproximadamente metade desses casos envolve o consumo de álcool pelo agressor (estimativas de uso de álcool entre os perpetradores variaram de 34 a 74%), pelas vítimas (estimativas variam de 30 a 79%) ou ambos. Infelizmente, faltam dados referentes ao Brasil.

O álcool contribui para a agressão sexual por múltiplas vias: exacerbando os fatores de risco existentes (p. ex., efeito nas habilidades cognitivas e motoras), alimentando crenças sobre o comportamento sexual agressivo, fomentando estereótipos sobre mulheres que bebem ou, ainda, desinibindo alguns comportamentos. Muitos homens, por exemplo, esperam se sentir mais poderosos, desinibidos e agressivos depois de beber álcool. Por outro lado, mulheres que bebem álcool são frequentemente percebidas como mais sexualmente disponíveis e promíscuas em comparação com as mulheres que não bebem.[15]

---

15 A. Abbey et al., "Alcohol and Sexual Assault" [Álcool e assédio sexual]. *Alcohol Research & Health*, v. 25, n. 1, p. 43-51, 2001.

MITO 4

O ESTUPRO É UM CRIME DE PAIXÃO

Implicações

Reduz o nível de responsabilidade do autor da violência ao supor que os homens são incapazes de controlar sua própria sexualidade. Além disso, tal afirmação minimiza e romantiza o ato ao sugerir que apenas mulheres muito atraentes e/ou "alvos da paixão alheia" estão sob o risco de ser estupradas.[16]

Fatos

Estupros são cometidos contra meninas, meninos, mulheres e homens de todas as idades, perfis e características, não havendo qualquer relação com o "nível de atratividade" da vítima. Da mesma forma, entrevistas com estupradores revelam diferentes motivações para o cometimento do ato – dentre elas, poder, agressão, violência, controle e humilhação.[17]

---

16 Idem.

17 A.S. Scarpati e A. Pina, op. cit.; A. Groth, W. Burgess e L. Holmstrom, "Rape: Power, Anger, and Sexuality" [Estupro: poder, raiva e sexualidade]. *American Journal of Psychiatry* [Revista Americana de Psiquiatria], v. 134, n. 11, p. 1239-43, 1977.

MITO 5

SE ELA NÃO GRITOU, BRIGOU OU SE FERIU, NÃO FOI ESTUPRO

Implicações
Desconsidera todas as formas pelas quais um estupro pode ser perpetrado, reduzindo o estupro real àquele que corresponde ao estereótipo clássico dessa violência. Além disso, ao abrir espaço para descrença e invalidação do relato da vítima, aumenta a probabilidade de que ela desista de procurar ajuda adequada.

Fatos
Estupradores usam muitas técnicas de manipulação para intimidar e coagir suas vítimas (armas de fogo, armas brancas, substâncias lícitas e ilícitas, ameaças, chantagens etc.). Além disso, sabe-se que, em função de um mecanismo natural de defesa do organismo, vítimas de estupro frequentemente ficam fisicamente paralisadas no momento do ato e são incapazes de se mover ou lutar, enquanto outras muitas vezes cooperam com o estuprador, com o objetivo de salvar suas vidas.[18]

---

18 S. TeBockhorst, M. O'Halloran e B. Nyline, "Tonic Immobility Among Survivors of Sexual Assault" [Imobilidade tônica entre sobreviventes de assédio sexual]. *Psychological Trauma: Theory, Research, Practice, and Policy* [Trauma psicológico: teoria, pesquisa, prática e política], v. 7, n. 2, p. 171-178, 2014.

COMO NOSSOS CORPOS RESPONDEM AO PERIGO

Quando nossos cérebros alertam nossos corpos da presença de perigo, nossos corpos automaticamente respondem eliciando sentimentos de medo. A fim de nos preparar para lidar com o perigo imediato, nossos corpos geralmente:

- aceleram nossa frequência cardíaca e respiração, para aumentar o oxigênio e o sangue que vai para nossos músculos;
- contraem nossos músculos, prontos para uso, se necessário;
- desativam as funções corporais que não são imediatamente importantes, como a digestão;
- liberam suor, para não ficarmos muito quentes;
- liberam adrenalina, para nos dar energia;
- liberam cortisol, para aliviar a dor – isso também pode ter o efeito de bloquear o pensamento racional, e é por esse motivo que, em momentos de estresse e medo extremos, às vezes sentimos que nossas cabeças estão nubladas ou que não conseguimos nos concentrar;
- desencadeiam reações de luta, fuga, congelamento, "moleza" ou "simpatia".

Não há jeito certo ou uma única forma de reagir a uma violência! Essas reações são instintivas, e não podemos escolher quais experimentamos no momento. Todas elas são formas automáticas do nosso corpo de nos proteger de mais danos e sobreviver a uma situação perigosa.[19]

---

19 G. Pavarina e C.J.P. Sanchez, "Imobilidade tônica: reflexos da neurociência nos crimes sexuais". *Intertemas*, São Paulo, v. 15, n. 15, 2019.

MITO 6

VOCÊ PODE DIZER SE ELA "REALMENTE" FOI ESTUPRADA PELO MODO COMO ELA AGE

Implicações

Cria expectativas sobre o comportamento de uma vítima de estupro e abre espaço para o questionamento de qualquer uma que não se enquadre nesse modelo enrijecido. Como resultado, desencoraja as vítimas a procurarem ajuda (ao sinalizar para elas que sua experiência apenas será validada caso se comportem da maneira esperada) e interfere nos processos de tomada de decisão de profissionais das áreas de segurança e justiça (ao criar o estereótipo de uma vítima real *versus* uma vítima mentirosa).

Fatos

As reações ao estupro são altamente variadas e individuais, e as vítimas exibem um espectro de respostas à agressão que pode incluir calma, histeria, retraimento, ansiedade, raiva, apatia, negação e choque. A reação à agressão e o tempo necessário para processar a experiência variam de pessoa para pessoa. Não existe uma maneira certa de reagir a uma agressão sexual. Suposições sobre como a vítima deve agir podem ser prejudiciais para ela, porque cada uma lida com isso de uma maneira diferente, assim como uma mesma agressão pode gerar reações distintas em um grupo de mulheres.

MITO 7

MULHERES INVENTAM QUE FORAM ESTUPRADAS QUANDO SE ARREPENDEM DE TER FEITO SEXO OU QUEREM VINGANÇA

Implicações

Reforça os estereótipos de que mulheres são vingativas e mentirosas, revitimizando e estigmatizando a vítima. Ao mesmo tempo, retira do autor da violência a responsabilidade pelo ato ao colocá-lo como vítima de uma armadilha.

Fatos

Contrariando o mito de que as mulheres fazem, com frequência, alegações falsas de estupro, o que se sabe é que a maioria delas sequer procura as autoridades para relatar o ocorrido. Dados provenientes de pesquisas sobre o tema estimam, a esse respeito, que apenas 10% de todos os casos sejam notificados, e que, destes, entre 2% e 10% sejam falsos.[20]

---

20 B. Gross, *False Rape Allegations: An Assault on Justice* [Acusações falsas de estupro: um ataque à justiça], 2009; D. Lisak et al., *False Allegations of Sexual Assualt: an Analysis of Ten Years of Reported Cases* [Acusações falsas de assédio sexual: uma análise de dez anos de casos reportados], 2010.

MITO 8

SOMENTE GAYS SÃO ESTUPRADOS/ SOMENTE GAYS ESTUPRAM HOMENS

Implicações

Desconsidera a subnotificação de casos de abuso de meninos, naturaliza os casos de violência/abuso sexual contra esse público (interpretando-os como iniciação sexual), legitima a ação dos/as agressores/as, reforça medos e preconceitos homofóbicos, cria a ilusão de segurança para os homens heterossexuais e traumatiza e estigmatiza sobreviventes masculinos.

Fatos

Ainda hoje, sabe-se pouco a respeito do abuso sexual cometido contra meninos e homens, permanecendo esse fenômeno ainda mais oculto do que aquele relativo às meninas e mulheres. A partir dos – poucos – dados disponíveis, no entanto, é possível identificar padrões semelhantes àqueles observados nos crimes sexuais femininos. Precisamente, um caráter de repetição da violência, locais de ocorrência familiares à vítima (p. ex., a residência e a escola) e agressores do sexo masculino com vínculo de amizade ou familiar.[21]

---

21 C.E. da Rosa e J.F. de Souza. *Violência/abuso sexual contra meninos: masculinidades e silenciamentos em debate*, 2020.

MITO 9

SE A VÍTIMA NÃO DENUNCIOU IMEDIATAMENTE O OCORRIDO, ENTÃO NÃO FOI ESTUPRO

Implicações

Supõe que vítimas de violência sexual são capazes de reconhecer e nomear o ocorrido imediatamente após (ou mesmo durante) o ato; infere, ainda, que devem se comportar (todas elas) de uma mesma forma. Como resultado, abre margem para descrédito das experiências e para a retraumatização da vítima ao invalidar sua experiência e seu tempo de processamento.

Fatos

Os motivos pelos quais uma vítima de estupro não relata imediatamente a agressão sofrida (seja à polícia, seja a outra pessoa) são diversos, incluindo dificuldade em falar sobre o tema (que ainda é um tabu), sentimentos de vergonha e/ou culpa, medo de retaliação por parte do autor da violência, medo de não ser acreditada, medo de ser processada judicialmente pela ausência de provas concretas, entre outros. Além disso, muitas vítimas sequer reconhecem o ocorrido como violência por desconhecimento ou pouca idade, por exemplo.

MITO 10

SE UMA MULHER CONCORDA EM IR A ALGUM LUGAR RESERVADO COM OUTRA PESSOA (P. EX., QUARTO, CASA, MOTEL ETC.), ELA NÃO PODE ALEGAR QUE FOI ESTUPRADA OU ABUSADA SEXUALMENTE PORQUE ASSUMIU, DO INÍCIO, O RISCO DE ALGUMA FORMA DE CONTATO SEXUAL

Implicações

O endosso dessa crença coloca – de modo injusto e equivocado – a responsabilidade da ação do agressor sobre a vítima. Mais ainda, abre espaço para que a presença de uma mulher em dado espaço seja compreendida como consentimento (implícito) para a realização de quaisquer atos sexuais.

Fato

Mesmo que uma mulher vá voluntariamente para a casa, o quarto, um bar ou mesmo um motel com outra pessoa, isso não deve servir como justificativa para uma atividade sexual forçada – em outros termos, estupro. O consentimento sexual deve ser negociado em todas as etapas do envolvimento e contato físico, não podendo ser presumido pela simples concordância ou presença naquele espaço.

MITO 11

MULHERES EXAGERAM SOBRE AS CONSEQUÊNCIAS DA VIOLÊNCIA SEXUAL EM SUAS VIDAS E SOBRE A DIFICULDADE DE ACESSO AO CUIDADO

Implicações

Ao partir do princípio de que a ajuda às mulheres vítimas de violência já está disponível em sua integridade, essa crença desestimula o investimento em medidas de cuidado e proteção, cenário especialmente agravado pela ideia de que essa experiência não tem impacto negativo importante na vida das vítimas.

Fato

A experiência de vitimização sexual – mesmo em suas formas mais sutis[22] – está associada a uma série de prejuízos na saúde física e mental, podendo persistir por muito tempo após o ocorrido. Dentre os danos mais frequentemente observados estão: transtorno de estresse pós-traumático, ansiedade, depressão, Infecções Sexualmente Transmissíveis (ISTs) e gravidezes indesejadas. Muitos desses danos não são identificados e cuidados de forma adequada justamente porque os serviços especializados ainda são poucos, não estando disponíveis para todas as vítimas. Por fim, é preciso lembrar que, mesmo nos locais onde há serviços dessa natureza, é comum o relato de mau atendimento/descaso por parte dos profissionais.

---

22 K. Hegarty e L. Tarzia, *Identification and Management of Domestic and Sexual Violence in Primary Care in the #MeToo Era: an Update* [Identificação e gestão da violência doméstica e sexual na atenção primária na era #MeToo: uma atualização], 2019.

MITO 12

UM ESTUPRO COMETIDO POR UMA PESSOA CONHECIDA (P. EX., MARIDO, NAMORADO) NÃO "CAUSA TANTOS DANOS" À VÍTIMA (EM COMPARAÇÃO A UM AGRESSOR DESCONHECIDO)

Implicações

Essa crença relativiza a gravidade da violência sexual, bem como seus efeitos, ao partir da premissa de que o problema não está no ato perpetrado, mas na figura do agressor. Como resultado, a) vítimas de autores conhecidos enfrentam mais dificuldade para procurar e receber ajuda adequada, e b) agressores são tratados/julgados de maneira distinta (a partir de sua relação com a vítima, e não pela gravidade do ato).

Fato

Os impactos – sejam eles psicológicos ou físicos – causados pela violência sexual têm relação com uma série de fatores que não se referem apenas ao nível de relacionamento com o autor da agressão – por exemplo: intensidade da violência, meios de coerção utilizados, frequência, estado emocional da vítima, suporte recebido etc.

MITO 13

MULHERES SECRETAMENTE FANTASIAM SER ESTUPRADAS

Implicações

Esse mito tem relação direta com uma narrativa criada –
na televisão, no cinema e nos livros – de que mulheres desejam
uma interação sexual violenta/agressiva e de que cabe ao
homem desconsiderar a resistência feminina. Como resultado,
isso serve para culpar as mulheres pelo estupro e justificar a
agressão masculina.

Fatos

Nenhuma mulher jamais expressou o desejo de ser estuprada. Isso
não significa que algumas mulheres não fantasiem ser dominadas
sexualmente. Isso pode acontecer, claro. Entretanto, é importante
não confundir a fantasia de um papel sexual passivo com a realidade
do estupro. Afinal, há uma diferença categórica entre fantasiar
sobre um parceiro sexual que assume o controle e que, de maneira
negociada e consentida, se relaciona com sua parceira e desejar
e/ou fantasiar um estupro.

MITO 14

HOMENS NÃO TÊM CONTROLE SOBRE SEU DESEJO E NÃO PODEM "PARAR" QUANDO FICAM SEXUALMENTE EXCITADOS

Implicações

Tal como outros mitos citados, esse serve como desculpa para a agressão masculina, especialmente em uma sociedade na qual as mulheres são retratadas como responsáveis pela excitação sexual masculina. Sugere que a excitação sexual masculina é um desejo incontrolável que deve ser satisfeito, e abre espaço para que se argumente que a falta de acesso a parceiras sexuais não deixa outra escolha a não ser o estupro.

Fatos

Homens e mulheres são perfeitamente capazes de controlar seus impulsos e desejos sexuais, não estando sujeitos a qualquer forma de "necessidade evolutiva" para a sobrevivência da espécie.

MITO 15

ESTUPRADORES SÃO MONSTROS/HOMENS DOENTES[23]

Implicações

Esse mito dá uma falsa sensação de segurança às mulheres, ao argumentar que a convivência com determinados homens as afastaria de quaisquer riscos de vitimização. Ao mesmo tempo, limita nossa compreensão das causas do estupro, por atribuir apenas a um grupo as causas desse fenômeno, ignorando as conexões entre a masculinidade agressiva "normal" e o estupro.

Fatos

Homens que estupram são, em sua maioria, caras comuns. Apenas uma pequena porcentagem de homens que estupram pode ser considerada clinicamente insana pelos critérios-padrão psiquiátricos. A principal diferença entre homens que estupram e homens que não estupram está relacionada às suas atitudes em relação às mulheres (p. ex., acreditar que têm o direito de acesso sexual sempre que desejado, fazendo com que muitas vezes não vejam o que fazem como estupro).

---

23 A. Cappiccie e R. Wyatt, op. cit.

Esses e outros mitos foram apresentados e organizados em quatro grandes grupos no trabalho de Scarpati:

a. Responsabilização da mulher (ideia de que a mulher é a responsável pela violência da qual foi vítima, por conta de postura, comportamento, roupas ou hora e local onde estava no momento da violência).
b. Minimização da gravidade (discursos que sugerem menor gravidade do estupro, fazendo-o parecer um evento que não requer atenção e problematização social).
c. Desculpa feminina (mitos relacionados à noção de que a mulher deseja se relacionar sexualmente com outra pessoa, mas que, por quaisquer razões, não é capaz de assumir seu desejo e usa o estupro como uma desculpa).
d. Instinto masculino (mitos que apontam para uma "natural" – instintiva, biológica – falta de controle da sexualidade por parte dos homens).

O que as mulheres podem fazer para evitar a violência? MUITO POUCO!

O que mulheres podem fazer para evitar a violência? Muito pouco, pois como vimos, a violência pode ser sofrida em diferentes situações e contextos e NUNCA é culpa da pessoa violada. O que podemos fazer, como sociedade, é questionar os mitos do estupro, não culpabilizar vítimas e oferecer escuta e acolhimento diante de relatos de violência sexual.

PARA CONTINUAR A CONVERSA

Sugestão de leitura: "Os mitos de estupro e a (im)parcialidade jurídica: a percepção de estudantes de Direito sobre mulheres vítimas de violência sexual", dissertação de mestrado de Arielle S. Scarpati, no Programa de Pós-graduação em Psicologia da Universidade Federal do Espírito Santo.

Leia a dissertação:

5

O QUE A LEI BRASILEIRA DIZ (E NÃO DIZ) SOBRE CONSENTIMENTO

NOÇÕES GERAIS

Vamos começar dando alguns passos atrás. A noção de consentimento não é nova no Direito. A ideia de uma vontade livre, espontânea e clara é, inclusive, essencial para que diversos atos e negócios se concretizem de forma válida no mundo jurídico. No entanto, a primeira vez que o termo ganhou definição em uma legislação brasileira foi bastante recente, com a criação da Lei Geral de Proteção de Dados Pessoais (Lei nº 13.709/2018), também chamada de LGPD.[1]

Veja que a definição jurídica brasileira de consentimento não veio das normativas sobre direitos e violências sexuais, mas teve origem justamente nas regras sobre a internet. Todo/a cidadão/ã brasileiro/a tem que consentir para que as empresas que lidam com dados pessoais possam armazenar, circular ou vender dados. **Esse consentimento, inclusive, precisa ser expresso, não pode ser presumido pelo silêncio e pode ser revogado a qualquer momento.**

Com o propósito de criar limites básicos para a proteção dos direitos de liberdade e privacidade no tratamento de dados pessoais, em especial nos meios digitais e na internet, a LGPD definiu o consentimento da seguinte maneira: "Manifestação livre, informada e inequívoca pela qual o titular concorda com o tratamento de seus dados pessoais para uma finalidade determinada."

---

1 B. R. Bioni, *Proteção de dados pessoais: a função e os limites do consentimento*, 2020.

A LGPD tem como pressuposto a noção de "autodeterminação informativa" – em outras palavras, todos/as devem ter controle e autonomia sobre os usos dos seus dados pessoais.

A definição de dados pessoais é bastante ampla, incluindo nome, endereço, número de documentos e profissão. O direito à proteção de dados pessoais, além de estar presente na LGPD, também foi recentemente incluído em nossa Constituição Federal no rol de fundamentais (via Emenda Constitucional nº 115/2022).

A LGPD cria a figura jurídica dos dados sensíveis – informações a respeito de orientação sexual, filiação religiosa, atuação jurídico-partidária ou qualquer outra que possa ser usada para perseguição ou violência baseada na pertença a determinado grupo ou atuação política, gerando protocolos mais rigorosos e regras claras para provedores e empresas.

Na LGPD, está determinado: 1) que o consentimento deve ser fornecido por escrito ou por outro meio que demonstre a manifestação de vontade da pessoa que concede o consentimento; 2) que é de responsabilidade do terceiro provar que o consentimento foi obtido em conformidade com a lei; 3) que é proibido o tratamento de dados obtidos via vício de consentimento (em outras palavras, quando uma das partes tem poucas possibilidades de recusa ou não tem informações suficientes para tomar a decisão, o consentimento não expressa a vontade, portanto deixa se ser válido); 4) que o consentimento deve ser específico e que autorizações genéricas não têm valor; 5) que o consentimento pode ser revogado a qualquer momento pela pessoa que consentiu.

CONSENTIMENTO PARA PLATAFORMAS DIGITAIS: LIBERDADE OU OBEDIÊNCIA?

Você já reparou que, quando acessamos sites, baixamos aplicativos, entramos em novas redes sociais ou tentamos ter acesso a um conteúdo na internet, somos indagados/as sobre a aceitação ou não de "cookies", ou sobre estarmos de acordo com os "Termos da comunidade"?

Embora a maior parte de nós sequer leia o conteúdo desses termos, trata-se de uma forma de obter consentimento ou autorização do/a usuário/a para coleta de dados de navegação, como preferências e interesses daquela pessoa, para fins relacionados ao funcionamento do site ou da plataforma, como circulação de informações para recebimento de anúncios direcionados.

Há um questionamento importante feito por parte de ativistas digitais sobre a autonomia dos/as usuários/as para negociar os termos de aceite, algo fundamental para que o consentimento ou a autorização sejam livres. Se o/a usuário/a não aceitar os termos nas condições impostas pelo serviço, ele/a não poderá utilizá-lo. Em outras palavras, ou você aceita os termos daquela empresa, ou você não utiliza o serviço. Quando uma das partes tem poder significativamente menor para expor suas vontades, o consentimento pode ficar viciado, ou seja, tornar-se uma formalidade quase inválida.

Uma máxima do ativismo digital é a de que, se não é possível negociar – por exemplo, escolher quais termos aceitar ou não, ou mesmo fazer suas próprias exigências –, não há consentimento, somente obediência.

Não é somente no campo jurídico que o consentimento é uma questão fundamental. Na área médica, de uma maneira geral, o consentimento é tratado como direito do/a paciente de ter acesso a todas as informações, de forma clara e objetiva, sobre tratamentos e procedimentos, incluindo riscos e benefícios envolvidos, para tomada de decisão que pode afetá-lo/a. Isso, é claro, é o que chamamos de "normativa", ou melhor, de uma expectativa sobre a realidade ideal. Na prática, sabemos, a realidade é muito diferente.

Na pesquisa científico-acadêmica, os Códigos de Ética das profissões dispõem que as pessoas entrevistadas precisam consentir com a participação em estudos, após estarem cientes dos objetivos e das metodologias destes. O consentimento "livre e esclarecido" é uma exigência para a aprovação de projetos e pesquisas, segundo o qual as partes envolvidas devem constituir um diálogo aberto e franco em que se possa manifestar vontades e discordâncias, além da desistência de participar do processo. Assim como na área médica, estamos falando sobre normativas, ou seja, regras que estabelecem interações ideais.

Voltando para o campo do Direito, temos que, na lei penal, isto é, aquela que define infrações e penas correspondentes a elas, a noção de consentimento não tem definição legal específica, mas sempre gerou discussões, em especial mais recentemente dentro da "vitimologia", área que estuda os indivíduos que sofrem a conduta do agente criminoso: as vítimas.

DESCOMPLICANDO O JURIDIQUÊS: DEPENDE

É possível dizer que, para o Direito Penal, consentimento diz respeito à permissão, por parte de alguém, para que outra pessoa pratique conduta que estaria, a princípio, descrita na lei como criminosa. Em outras palavras, significa que, na presença do consentimento válido, uma conduta que poderia ser considerada criminosa se torna autorizada.

Vamos dar alguns exemplos. Em determinadas situações, o consentimento exclui algo que chamamos, no Direito, de tipicidade, o que significa dizer em termos leigos que "não haverá crime" quando a não concordância da vítima for requisito para que aquela situação seja considerada crime.

Vejamos, por exemplo, uma situação de crime de violação de domicílio (artigo 150 do Código Penal: "entrar ou permanecer, clandestina ou astuciosamente, ou contra a vontade expressa ou tácita de quem de direito, em casa alheia ou em suas dependências"). Em casos nos quais exista permissão para que alguém entre e/ou fique na casa, não há ocorrência de crime.

Pode acontecer de forma parecida nos crimes de importunação sexual (artigo 215-A do Código Penal, "praticar contra alguém, e sem a sua anuência, ato libidinoso com o objetivo de satisfazer a própria lascívia ou a de terceiro") ou de disseminação de conteúdo íntimo sem o consentimento da vítima (artigo 218-C do Código Penal, "oferecer, trocar, disponibilizar, transmitir, vender ou expor à venda, distribuir, publicar ou divulgar, por qualquer meio – inclusive por meio de comunicação de massa ou sistema de informática ou telemática –, [...] sem o consentimento da vítima, cena de sexo, nudez ou pornografia"). Em ambos os contextos, há menção explícita à concordância válida da vítima – anuência e consentimento. Portanto, quando existe autorização, não há que se falar em ocorrência de crime.

Em outras situações, o consentimento também poderá ser "causa supralegal" (isto é, não prevista em lei), o que equivale a dizer que não haverá punição mediante uma situação que justifique aquela conduta, ainda que ela, formalmente, possa ser descrita como criminosa. É o caso do tatuador, por exemplo, que não responderá pela prática de crime de lesão corporal, do artigo 129 do Código Penal (ofender a integridade corporal ou a saúde de alguém), porque houve concordância da pessoa tatuada.

Há ainda doutrinadores/as do Direito que defendem a possibilidade de o consentimento da pessoa que teve seus direitos violados ser considerado causa especial de diminuição de pena, como em casos de eutanásia – ou seja, quando alguém mata a vítima a pedido ou com autorização desta, em geral para abreviar seu sofrimento, o que configuraria o crime de homicídio com pena diminuída (em razão de relevante valor moral).

Até aqui parece relativamente simples, não é? Só que, no Direito, sempre existe uma complicação, uma possibilidade de exceção; afinal, como costumam dizer os profissionais dessa área: depende.

No âmbito jurídico, o *direito de consentir* está sempre relacionado ao poder de liberdade de ação. Por esse motivo, não se trata de direito ilimitado, isto é, de as pessoas poderem consentir com tudo em qualquer situação. O *consentimento* está sempre sujeito a *requisitos básicos* para que seja considerado válido.

ALGUNS REQUISITOS BÁSICOS PARA QUE O CONSENTIMENTO SEJA JURIDICAMENTE VÁLIDO

Bem individual

Para que alguém possa consentir juridicamente, exige-se em primeiro lugar que o bem (termo jurídico para se referir à vida, à integridade física ou psicológica, à liberdade sexual, ao patrimônio etc.) em consideração seja individual – em outras palavras, que pertença à pessoa que visa conceder o consentimento.

Não há possibilidade de alguém consentir validamente com comportamento que vá afetar um bem que pertença a outra pessoa ou que seja de interesse coletivo ou difuso (por exemplo, consentir que alguém cause danos ao meio ambiente).

Há um parênteses importante que precisamos fazer sobre a noção de "autonomia". Há situações em que, para o mundo jurídico, ainda que o consentimento diga respeito a um bem aparentemente individual, consentir com sua violação pode ter efeitos na dignidade de outros integrantes de determinados grupos sociais. Complexo, sabemos, mas talvez um exemplo prático faça mais sentido.

Não é considerado juridicamente válido que uma pessoa concorde com situações (individuais) que violem a dignidade de uma coletividade de indivíduos que integram um grupo social historicamente estigmatizado e discriminado – por exemplo, quando um indivíduo com nanismo concorda em participar de espetáculo circense vexatório ou uma pessoa negra que aceite representar papéis que ofendam toda a população negra.

Disponibilidade do bem

Para que o consentimento seja válido, há necessidade também de que o bem seja disponível. E há divergências na classificação dos bens como disponíveis ou indisponíveis do ponto de vista jurídico.

Vamos dar exemplos. Um patrimônio, um bem material, é facilmente caracterizado como disponível, posto que qualquer um pode dispor desse bem, entregá-lo ou até destruí-lo. Caso alguém que possua um bem, como um aparelho celular, um carro ou até mesmo uma casa, concorde que outra pessoa danifique ou estrague esse bem, não haverá crime de dano do artigo 163 do Código Penal (destruir, inutilizar ou deteriorar coisa alheia).

Já a vida, por sua vez, é compreendida como um bem indisponível, isto é, nem mesmo o titular poderia dela dispor. Em outras palavras, ninguém pode autorizar por meio de consentimento que o outro o/a mate. Mesmo com autorização, esta seria inválida, valendo o crime de homicídio.

COMPLEXIFICANDO O ENTENDIMENTO SOBRE A VIDA COMO BEM INDISPONÍVEL

É bem verdade que há uma série de complicadores no entendimento sobre a vida como um bem absolutamente indisponível. Essa noção tem sido constantemente questionada pela ideia de autonomia dos indivíduos, sendo comuns debates intensos a respeito da necessidade de compreensão do direito à vida, desde que "com dignidade", orientando, por exemplo, a possibilidade de prática de eutanásia ou suicídio assistido em situações de doentes em estágio terminal, vítimas de sofrimento e sem a possibilidade de recuperação.

No nosso país, o Código de Ética Médica apenas regulamenta algo chamado de "ortotanásia", uma circunstância em que a pessoa doente em fase terminal ou seus familiares próximos podem optar por restringir ou abrir mão de tratamentos agressivos que não reverterão o quadro.

Outra situação que se enquadra em "depende" acontece nos casos de pessoas que, voluntária e conscientemente, por força de suas convicções religiosas, não consentem com procedimentos como transfusão de sangue, algo que pode ser imprescindível para salvaguardar suas vidas em determinados contextos, preferindo a morte.

Há uma série de divergências e controvérsias aqui. Existem aqueles/as que sustentam que o/a médico/a teria o dever de proteger a vida do/a paciente, mesmo em detrimento de suas vontades e convicções. Já outros/as defendem que a violação do direito de crença representaria imposição sobre a autonomia, algo não permitido pelas nossas leis.

Em termos gerais, mesmo diante dessas discussões acaloradas o direito à vida é considerado direito indisponível, ainda que não absolutamente, havendo necessidade de observância de requisitos mais rígidos para aceitar sua disponibilidade.

Lembra que dissemos que, no Direito, quase tudo depende? Então. Em relação à integridade física ser ou não considerada um bem disponível, há quem defenda sua existência como um bem disponível em casos de lesão corporal *leve*, mas indisponível em situações de lesão corporal de natureza *grave* ou *gravíssima*.

Segundo essa linha de entendimento, não responderia por crime de lesão corporal uma pessoa que, durante a prática sadomasoquista, por exemplo, causasse hematomas ou escoriações (consideradas de natureza leve) em alguém. No entanto, a mesma pessoa poderia responder pelo crime de lesão corporal quando a prática resultasse em prejuízo permanente de um membro do corpo, de um sentido ou de uma função (que o Direito define como natureza grave) ou a perda ou inutilização de um membro, de um sentido ou de uma função (por sua vez, definida pelo Direito como de natureza gravíssima).

Capacidade

Outra exigência jurídica para o consentimento ser considerado válido diz respeito à *capacidade* das pessoas para consentir, porque aquele/a que consente deve ter condições plenas de compreender as circunstâncias e as consequências daquela autorização. Isso significa que, segundo as regras do Código Civil brasileiro, a capacidade para consentir validamente começaria apenas aos 18 anos, quando as pessoas são consideradas plenamente formadas e capazes de tomar decisões autônomas.

Existe, é claro, uma série de exceções jurídicas, como o caso de pessoas com algumas deficiências ou consideradas juridicamente incapazes. No entanto, quando falamos de crimes sexuais, como trataremos mais adiante, esse marco temporal se altera e ganha outras dimensões relevantes. Lembremos essa outra exceção em breve.

Liberdade

Para ser considerada juridicamente válida, a manifestação do consentimento também deve ser *livre*, ou melhor, não pode ser motivada por manipulação, como coação, ameaça, fraude ou erro. Essa premissa é especialmente importante em casos de violência sexual.

Aqui consideramos interessante pensar um pouco sobre a noção de "liberdade" trazida pelo Direito. Costumamos acreditar que somos capazes de reconhecer facilmente situações em que a liberdade para consentir não esteja presente, como em um contexto que envolva violência física ou moral, ou mesmo uma ameaça. Na prática, como já conversamos ao longo de nosso livro-diálogo, a teoria é mais complexa. Nem sempre é evidente a existência de ameaça, manipulação, chantagem ou mesmo de medo de que a força física seja utilizada.

Há contextos, também, em que a falta de liberdade acontece não devido a ameaças ou violências, mas por condições sociais, econômicas, religiosas ou culturais de desigualdade, nem sempre tão facilmente observáveis.

Esse tema é tão complexo, que já foi objeto de discussão no Supremo Tribunal Federal (STF). Em situações nas quais trabalhadores/as exerçam suas atividades em condições de violação dos direitos básicos – sem acesso a descanso, a espaços minimamente dignos, à liberdade e à autonomia –, por exemplo, dizemos que eles estão em condições análogas à escravidão, contexto que constitui crime no nosso Direito Penal. Pessoas que têm seus direitos violados por estarem em condição de extrema vulnerabilidade social e econômica não podem consentir validamente que seus direitos sejam violados.

Discussão semelhante aconteceu no STF, em 2012, a respeito da autonomia das mulheres em situação de violência doméstica e familiar. Debateu-se, naquele espaço, a necessidade de que as mulheres que fizessem denúncias de lesão corporal expressassem diretamente sua vontade de que o caso se tornasse uma investigação policial e um processo penal.

O STF entendeu que mulheres em situação de violência doméstica, em especial quando esta é física, estão em vulnerabilidade extrema para decidir sozinhas se devem ou não continuar os procedimentos jurídicos e policiais. Nessas circunstâncias, há sempre o risco de essas mulheres serem ameaçadas, manipuladas ou novamente agredidas pelos autores das violências. A partir de 2012, em casos de Lei Maria da Penha, denúncias de lesão corporal passaram a seguir adiante no sistema, independentemente da vontade da vítima. Em outras palavras, isso significa que a responsabilidade de investigar o caso não está ligada ao consentimento da vítima.

DESCOMPLICANDO O JURIDIQUÊS:
AÇÃO PENAL CONDICIONADA × AÇÃO PENAL INCONDICIONADA

Em termos jurídicos, isso significa que casos de lesão corporal em situação de violência doméstica deixaram de ser ações públicas condicionadas e se converteram em ações públicas incondicionadas. A palavra-chave aqui é *incondicionada*. Antes, a investigação feita pela Polícia Civil (chamada de inquérito policial) e o seguimento do caso para a justiça, via Ministério Público, dependia da vontade expressa da vítima, por meio de uma declaração chamada de representação.

Uma ação penal se inicia com o recebimento da denúncia oficial de um crime. No Direito brasileiro existem ações penais públicas, quando o Estado, por meio do Ministério Público, promove a denúncia, e ações penais privadas, movidas por iniciativa das vítimas por meio de seus representantes legais, contratando o serviço de advogados ou utilizando a Defensoria Pública. No caso das ações públicas, existem as modalidades incondicionadas e condicionadas. Embora pareçam ser apenas tecnicalidades, elas organizam e hierarquizam atos considerados ilícitos, posto que a incondicionalidade torna o crime juridicamente mais grave.

Inequivocidade

No Direito, também se exige que a manifestação do consentimento seja clara e inquestionável. Em outras palavras, que não deixe margem para dúvidas.

Idealmente, não se pode admitir argumentos que durante muito tempo foram utilizados por agressores sexuais (e ainda são), como o de que determinada mulher "parecia consentir" com o ato sexual em razão de seu comportamento, suas roupas ou pelo fato de já ter se relacionado com ele. Na prática, infelizmente, estamos bastante longe da normativa.

Outras áreas do conhecimento que não o Direito, como as Ciências Sociais e a Psicologia, podem questionar que, na convivência humana, seria quase impossível garantir esse nível de inquestionabilidade em meio a diferentes entendimentos. Mesmo a comunicação verbal direta pode trazer imprecisões.

Vale lembrar que, como toda norma, o Direito define e estabelece por meio de leis e códigos o que deve ser feito em termos de regra e legitimidade. Na prática, a efetividade do Direito depende do entendimento e do trabalho de profissionais que atuam em diálogo com as leis. Tais profissionais, além de estarem sujeitos a limitações práticas e materiais, também têm suas crenças e seus valores, algo que influencia a aplicação e os entendimentos das leis.

Um dos grandes obstáculos para as políticas públicas de proteção às mulheres no Brasil é justamente a atuação de profissionais que trabalham com as leis. Dito de outra forma, da transição da lei enquanto norma para a lei enquanto prática.

São nessas fronteiras comunicacionais que residem muitas das zonas cinzentas nas quais se encontram diversos casos de violência sexual em que as pessoas acusadas afirmam não terem tido a intenção de violar ou não terem percebido que se tratava de uma violação.

Previedade ou contemporaneidade ao ato

Por fim (ufa!), e ainda falando de forma genérica: para que se cumpram os parâmetros mínimos de validade jurídica, exige-se que o consentimento tenha sido dado antes e/ou durante toda a conduta. De outra forma, não basta que o consentimento tenha sido comunicado uma vez; ele pode ser retirado a qualquer momento.

Vamos falar de exemplos práticos. Concordar com um envolvimento amoroso ou já ter dado consentimento sexual de forma válida anteriormente não impede que se possa mudar de ideia a qualquer momento, e isso precisa sempre ser respeitado. Consentimento sexual não significa "cheque em branco", autorizando todas as práticas possíveis.

Tanto a exigência de clareza como de antecedência e/ou concomitância ao ato são requisitos com implicações diretas nos crimes sexuais. O fato é que em **nosso ordenamento penal brasileiro não há tratamento expresso e específico para o instituto do consentimento sexual**, tal como acontece nos Códigos da Itália e de Portugal, por exemplo.

Em outras palavras, o debate sobre em que consiste o consentimento sexual, sobre como averiguar sua presença e garantir sua existência acaba ficando a cargo de discussões doutrinárias e da jurisprudência, um conjunto de decisões e interpretações das leis aplicadas aos casos concretos feitas pelos Tribunais.

Tal ausência é especialmente relevante para os crimes previstos no Título VI do Código Penal: os crimes contra a dignidade sexual, em especial dos seus capítulos I (crimes contra liberdade sexual) e II (crimes contra vulnerável).

Antes dessa discussão, contudo, vamos falar um pouco de como se deu o desenvolvimento dos direitos das mulheres e da proteção penal no que diz respeito aos crimes sexuais.

MULHERES E DIREITOS: DE BRUXAS A VÍTIMAS, UM CAMINHO INACABADO

Até a Revolução Francesa (1789), momento em que ocorreu a deposição da monarquia absolutista com base nos ideais iluministas da igualdade, liberdade e fraternidade, as mulheres sequer eram pensadas como sujeitos de direitos. Isso significa que era inexistente a noção de igualdade de direitos entre homens e mulheres, assim como de categorias tão importantes para o mundo, como discriminação, violência baseada no gênero, entre outras.

No século XVIII, mulheres pioneiras foram responsáveis por defender a dignidade e os direitos básicos para a população feminina. Foi o caso da britânica Mary Wollstonecraft (1759-1797) e da francesa Olympe de Gouges (1748-1793). Em 1791, Olympe redigiu a "Carta dos direitos da mulher e da cidadã", demandando o acesso das mulheres ao voto, à propriedade e à liberdade profissional.

Do outro lado do Canal da Mancha, Mary escreveu "Uma defesa dos direitos da mulher" (1792), reivindicando o direito das mulheres à educação e à igualdade. Seus esforços e sacrifícios – Olympe foi, inclusive, guilhotinada – não foram em vão, mas demoram a surtir efeitos. As francesas, por exemplo, só obtiveram o direito ao voto em 1945, após o fim da Segunda Guerra Mundial, e as mulheres britânicas só puderam votar em 1918.

A construção de uma pretensa inferioridade feminina foi obra dos mais variados discursos da nossa história. Durante séculos, as mulheres foram sempre comparadas aos homens, como se fossem formas incompletas de humanidade, uma exceção à norma masculina.

A filósofa francesa Simone de Beauvoir escreveu que legisladores, sacerdotes, filósofos, escritores e sábios sempre se empenharam em demonstrar que a condição subordinada da mulher "era desejada no céu e proveitosa na Terra".[2]

---

2 S. Beauvoir, *O segundo sexo*, 2009, p. 23.

 É o caso da doutrina cristã, com toda a representação de homem criado à imagem e semelhança de Deus e da mulher sendo criada a partir de sua costela, na figura de Eva, que nos remete à ideia de mulher pecadora, ardilosa e que desvia o homem do bom caminho. Na segunda figura feminina mais célebre da Igreja Católica, Maria, a mulher deixa de ser vista como esposa de Adão para ser mãe de Cristo, igualmente relacional, mas agora com outra concepção, que nos remete à ideia de virgindade, castidade, pureza e obediência.

Não há como desconsiderar, aliás, que, em diversas passagens das interpretações dadas para textos religiosos ao longo da história, a figura feminina acabou representada por mulheres malvadas e sem escrúpulos. Essas representações reforçaram a ideia de mulheres perigosas e pouco confiáveis, que precisariam ser submetidas e controladas para contenção desses instintos desviantes, sendo detentoras de uma fraqueza intelectual e moral natural.

A doutrina cristã influenciou por muito tempo a posição da mulher nas relações sociais e no casamento, reforçando o desequilíbrio dos papéis sociais desempenhados por homens e mulheres no espaço público e nas relações, ao impor às mulheres regras de controle, afastando-as da educação, da política e da autonomia, a fim de restringi-las ao espaço doméstico, à obediência ao marido e aos cuidados com os filhos.[3]

Esse processo também contribuiu para a construção de uma desejada inferioridade feminina no pensamento criminológico que dominou a Idade Média, na chamada "Era das Bruxas", quando a crença na existência de uma seita de feitiçaria ligada à natureza feminina reservou às mulheres quatro séculos de perse-

---

[3] S. Federici, *Mulheres e a caça às bruxas*, 2019.

guição, resultando na degradação moral de sua imagem, com reflexos até a atualidade, na maneira como são tidas como mais tendentes ao descontrole, à vingança e à mentira, o que impacta a forma como são acreditadas (e desacreditadas) com relação à sua palavra, inclusive por profissionais que trabalham com as leis que deveriam protegê-las.

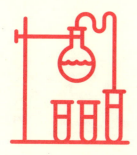

Por muito tempo, o discurso da literatura médica também procurou justificar uma inferioridade intelectual e moral feminina a partir do modelo de "verdade científica" do sexo único, por meio do qual a mulher era vista como o "homem imperfeito", quase uma aberração da natureza.

Com base na teoria dos humores, sustentou-se que os humores "frios e úmidos" dominantes da mulher estariam relacionados às características da mentira e instabilidade, enquanto os humores "quentes e secos" reservavam ao homem as qualidades da bravura e honra. Mesmo com o avanço da ciência e a ampliação da compreensão sobre os dois sexos biológicos, a inferioridade feminina continuou a ser justificada com base na ideia de mulher presa à sua vocação "naturalmente maternal".[4]

Na Filosofia, de Aristóteles aos pensadores iluministas, tão admirados por seus valores revolucionários, foram muitos os discursos utilizados para reforçar a inferioridade supostamente intrínseca da mulher, que deveria ser esposa e atender à sua vocação maternal como condição exclusiva de felicidade dela própria e de toda a comunidade.[5]

Também não há como deixar de reconhecer as desvantagens imputadas às mulheres no pós-Revolução Francesa, porque o rompimento do sistema de privilégios absolutista não foi suficiente para garantir a elas a igualdade material de direitos – muito pelo contrário. Na instauração do novo modo de produção, a exploração da classe trabalhadora

---

[4] S. Chakian, 2020.
[5] Idem.

garantiu condições ainda mais adversas às mulheres, que passaram a desempenhar as funções mais precarizadas, com menor remuneração, acumulando, ainda, a jornada das tarefas domésticas e de cuidado.[6]

Tudo isso acompanhado do estabelecimento de um modelo de comportamento feminino de forte submissão a regras morais rígidas de recato e controle sexual, limitando sua possibilidade de existência à manutenção da virgindade, à dedicação ao casamento ou à vida no convento.

No Brasil, da Era Colonial à República, a construção da inferioridade feminina tem relação direta com a própria estruturação da sociedade brasileira, o que por sua vez impactou os diversos caminhos de desigualdade, opressão e violência percorridos pelos variados grupos de mulheres: indígenas, negras, prostitutas, oriundas de classes menos favorecidas e aquelas integrantes da classe dominante. A condição especialmente perversa imposta às mulheres negras escravizadas, exploradas na sua força de trabalho e violadas no exercício de sua sexualidade, é assunto inescapável quando falamos de violências sexuais.

Organizado pelas professoras e pesquisadoras Flávia Rios e Márcia Lima, o livro *Por um feminismo afro-latino-americano* (2020) traz, em um compilado de textos, a obra de Lélia Gonzalez, ativista, intelectual negra e feminista brasileira. Lélia argumenta que a mestiçagem da população brasileira é fruto da perversidade dos estupros cometidos contra mulheres negras (escravizadas ou não); portanto, a própria identidade nacional seria inerente à violência sexual e de gênero.

Lélia também aborda as funções estruturais estereotipadas que as mulheres negras ocuparam na história do Brasil como mulatas hipersexualizadas, mucamas ou empregadas domésticas, sempre profundamente exploradas e definidas pelo seu corpo. A obra de Lélia, e de tan-

---

6 S. Chakian, op. cit.

tas outras, chama a atenção para a importância da interseccionalidade na análise a respeito de fenômenos sociais brasileiros.

Em outras palavras, isso significa levar em consideração a intersecção de discriminações e preconceitos vividos por múltiplas condições femininas, que se retroalimentam e aprofundam. Mulheres não são todas iguais, e aquelas que acumulam outros marcadores sociais da diferença, como o racial, enfrentam barreiras ainda maiores para o acesso à justiça.

Diferentes levantamentos estatísticos realizados no Brasil mostram a prevalência da violência sexual contra mulheres negras no país.

> É um processo histórico que vem desde a época da escravização no Brasil, quando as mulheres negras eram objetificadas e estupradas por seus senhores, inclusive como formas de dominação e tortura, de mantê-las cativas. E depois temos um processo de teoria científica que vai dizer que as mulheres negras são mais devassas por serem negras, que o fato de terem seios fartos, bunda grande tornava-as mais propícias à devassidão. O Nina Rodrigues [antropólogo e médico conhecido por suas teorias eugenistas], por exemplo, no final do século XIX, tem um trabalho que diz que as mulheres negras não são passíveis de serem estupradas porque elas já nascem com o hímen rompido. Então é todo um contexto histórico e cultural que propicia de forma cruel que as mulheres negras sejam mais estupradas e vulneráveis à violência.

> — MARIA SYLVIA DE OLIVEIRA, advogada e presidenta do Geledés – Instituto da Mulher Negra[7]

Outra importante ativista e intelectual negra e feminista, desta vez dos Estados Unidos, Angela Davis, também salienta em suas obras[8] a im-

---

7 Violência sexual e suas intersecções com o racismo, a LBTIfobia e o capacitismo. *Dossiê Violência Sexual*, Agência Patrícia Galvão. Disponível em <https://dossies.agenciapatriciagalvao.org.br/violencia-sexual/tipos-de-violencia/multiplas-violacoes-sexuais--contra-mulheres-negras-indigenas-e-lgbtts/> Acesso em 30 jul. 2024.

8 A. Davis, *Estupro, racismo e o mito do estuprador negro*, 2016.

portância de trazer a questão racial para pensar as violências sexuais, em especial para desmantelar o "mito do estuprador negro", que socializa e educa as mulheres brancas estadunidenses a associarem homens negros a maior risco de estupro. O mito do estuprador negro dos EUA nasce, segundo Davis, para justificar os linchamentos de negros no período posterior à Guerra Civil.

Se por um lado o "mito do homem negro estuprador" tem ecos para além dos Estados Unidos e até os dias atuais, a atenção que se dá às mulheres negras que relatam situações de violência sexual não obedece à mesma lógica. Por lá, uma série de estudos científicos demonstra que as chances de autoridades acreditarem em denúncias de violência sexual feitas por mulheres negras é significativamente menor do que a crença (já dificultada) em mulheres brancas.[9]

E, assim, durante séculos, os valores sobre as mulheres, sedimentados nos principais discursos da nossa história, orientaram a produção do nosso Direito, que é um reflexo direto dos valores das sociedades que o criam. Muitas leis fortaleceram valores discriminatórios, bem como reforçaram lugares desvantajosos para as mulheres na sociedade.

Não é por outro motivo que tivemos, nas primeiras leis aplicadas no Brasil (as chamadas Ordenações do Reino), a autorização para o marido matar a esposa na hipótese de suspeita de traição. Ou mesmo a previsão de que a mulher era relativamente incapaz para os atos da vida civil, no Código Civil de 1916, que teve longa vigência no país.

Em *A vida nunca mais será a mesma: cultura da violência e estupro no Brasil*, a jornalista Adriana Negreiros aponta que, nesse mesmo código legal, era estabelecida como obrigação a "cópula carnal", também chamada de "débito conjugal": a determinação da obrigatoriedade do sexo no casamento.

Essa exigência que vincula sexo a um dever matrimonial sobreviveu em códigos brasileiros posteriores e circulou em obras e posicionamentos de juristas brasileiros importantes ao longo do século XX. Foi o caso de Nelson Hungria, por exemplo, um dos maiores nomes do Direito Penal brasileiro, revisor e um dos principais comentadores do Código

---

9 K. Angel, *Amanhã o sexo será bom novamente: mulheres e desejo na era do consentimento*, 2023.

Penal de 1940 (que ainda está em vigor). Nelson Hungria considerava o sexo um direito do marido, uma espécie de prestação de serviço obrigatória dentro do contrato de casamento; para fazer valer esse direito, o marido poderia apelar para a violência.[10]

A demanda por esse direito que conhecemos hoje só foi possível graças a duas grandes transformações sociais:

1. O paradigma da dignidade humana.
2. O pensamento feminista compreendido não como um todo unificado, mas multifacetado, nas teorias e nos objetivos, sendo o grande responsável pelo questionamento de todos os discursos formulados nas diferentes concepções acima descritas a respeito da mulher, tornando possível que ela fosse finalmente entendida como sujeito de direitos. Além disso, o pensamento feminista contribuiu para a identificação das raízes da discriminação e opressão de meninas e mulheres com base nas categorias de *gênero* e *patriarcado*, com impacto direto na própria noção de *violência contra a mulher*.[11]

Foi essa concepção da mulher como **sujeito de direitos** que proporcionou a produção desse novo direito, com o qual trabalhamos hoje:[12]

- No nível *internacional*, quando são formulados Tratados, Convenções e Declarações de proteção dos direitos humanos das mulheres, com destaque para a Convenção sobre Eliminação de Todas as Formas de Discriminação contra a Mulher, de 1979 (CEDAW), e Convenção Interamericana para Prevenir, Punir e Erradicar a Violência contra a Mulher, de 1994 (Convenção de Belém do Pará).

---

10 A. Negreiros, *A vida nunca mais será a mesma: cultura da violência e estupro no Brasil*, 2021.
11 S. Chakian, op. cit.
12 Idem.

- No nível *constitucional*, quando a Constituição Federal de 1988 institucionalizou o regime político democrático no país e atribuiu à dignidade humana o posto de princípio norteador do sistema jurídico como um todo, além de contemplar a igualdade como valor supremo, o que impõe a adoção de ações afirmativas destinadas a acelerar o processo de igualdade para grupos vulneráveis, como no caso das mulheres, que sempre estiveram distantes das oportunidades garantidas aos grupos dominantes.
- E no nível *infraconstitucional*, quando se reconhece que os dispositivos legais carregados de noções preconceituosas e de discriminação contra a mulher não mais se sustentavam, impulsionando as reformas do Código Penal de 1940 e novas leis, com destaque para:

LEI Nº 10.224/2001 (assédio sexual);

LEIS Nº 11.106/2005 e Nº 12.015/2009 (mudança de paradigma dos crimes sexuais);

LEI Nº 11.340/2006 – Lei Maria da Penha;

LEI Nº 13.104/2015 – Lei do Feminicídio;

LEI Nº 13.718/2018 – Lei da Importunação Sexual, do Crime de Divulgação de cena de estupro ou de sexo ou pornografia sem o consentimento da vítima;

LEI Nº 14.132/2021 – do Crime de Perseguição (*stalking*);

LEI Nº 14.188/2021 – Lei da Violência Psicológica.

OS CRIMES SEXUAIS

Você sabia que por muito tempo o Direito reproduziu valores discriminatórios regulando comportamento social e sexual de mulheres sob o argumento de proteção da moralidade pública, dos costumes e da honra? A ponto de, até 2005, utilizar as expressões "mulher honesta" ou "virgem" para definir quem poderia ser vítima de determinados crimes?

O crime de "sedução", por exemplo, só previa mulheres como possíveis vítimas – não somente porque mulheres eram entendidas como menos inteligentes e, portanto, mais suscetíveis à fraude e às falsas promessas, mas também porque a preocupação da lei era a proteção dos direitos do patriarca ao qual ela estava submetida: o pai ou o marido.

Durante um longo período, os crimes sexuais foram considerados não um crime contra a dignidade das pessoas, como o concebemos hoje, mas uma violação contra os costumes e as famílias. No Brasil, o Código Penal de 1890 definia as ofensas sexuais como crimes contra a segurança da honra, da honestidade das famílias, e do ultraje público ao pudor.

A Lei nº 11.106, de 2005, foi a responsável por revogar a possibilidade da impunidade para o autor do estupro se ele se casasse com a vítima após o crime, ou quando uma terceira pessoa assim o fizesse.

Essa figura do "matrimônio reparador" por muito tempo fez parte dos Códigos Penais de diversos países, em uma demonstração clara de que a mulher honrada teria como destino o casamento. Sendo assim, se o maior dano causado pelo estupro seria inviabilizar a mulher para esse destino, posto que "deflorada", não haveria razão para punição quando terceira pessoa ou o próprio estuprador "reparasse o mal social" a ela causado.

Aliás, persistiu (e, de certa forma, ainda há quem pense assim) a noção de que, com o casamento, a mulher passaria a ter "deveres sexuais" em relação ao marido, o chamado "débito conjugal", noção que fortalece a concepção de que a violência sexual contra esposa ou companheira não configuraria crime, mas exercício de um "direito" do casamento.

A alteração legislativa mais significativa no tocante aos crimes sexuais no Brasil surge com a Lei nº 12.015/2009, quando nosso Código Penal deixou de tratar os crimes sexuais sob a perspectiva de proteção dos costumes, da ordem social ou da moral pública, para **finalmente compreendê-los como atentados contra a liberdade sexual da vítima.**

O Título VI do Código Penal, até então denominado "Dos crimes contra os costumes", passou a ser designado "Dos crimes contra a dignidade sexual".

OS CRIMES CONTRA A DIGNIDADE SEXUAL NO BRASIL

No Código Penal brasileiro temos alguns crimes tipificados que dialogam com a noção de consentimento. Vamos listá-los brevemente a seguir, começando com aquele mais importante para nossa discussão acerca do consentimento sexual: o estupro. Em seguida, falaremos um pouco de outros crimes, todos de definição recente, fundamentais para a conversa que estamos tendo.

DESCOMPLICANDO O JURIDIQUÊS: TIPOS PENAIS

Um tipo penal é um termo jurídico para a descrição e a definição de um crime. Em outras palavras, "tipificar" significa, na linguagem do Direito, tornar uma conduta oficialmente criminosa. Para que isso aconteça, é necessário haver uma descrição precisa, bem como atribuição de pena que seja incorporada ao Código Penal.

Uma das funções dos profissionais que trabalham com o Direito, em especial da polícia civil no momento em que é redigido um boletim de ocorrência, é traduzir para a linguagem jurídica, ou em tipos penais, nossas narrativas e histórias de violência, que depois passarão pelo crivo do Ministério Público, normalmente o responsável pela ação penal. Agressões, por exemplo, costumam se tornar "lesão corporal". Xingamentos e ofensas, por sua vez, "injúrias".

Interessa-nos, especialmente para este nosso livro-diálogo sobre consentimento, os tipos penais mais comuns em matéria de crimes sexuais: o estupro (art. 213) e o estupro de vulnerável (art. 217-A).

DO QUE ESTAMOS FALANDO QUANDO DEFINIMOS ESTUPRO E ESTUPRO DE VULNERÁVEL?

O artigo 213 do Código Penal brasileiro descreve como crime de **estupro**: constranger alguém, mediante violência ou grave ameaça, a ter conjunção carnal ou praticar ou permitir que com ele se pratique outro ato libidinoso: Pena – reclusão, de 6 (seis) a 10 (dez) anos.

A lei ainda define que, se da conduta resultar lesão corporal de natureza grave ou se a vítima for menor de 18 (dezoito) e maior de 14 (catorze) anos, a pena será de reclusão, de 8 (oito) a 12 (doze) anos; e, se resultar na morte, a pena será de 12 (doze) a 30 (trinta) anos.

Para que o crime de estupro descrito no artigo 213 se configure, portanto, é preciso que o/a autor/a tenha empregado violência (uso da força física) ou grave ameaça (manifestada por palavras, gestos ou uso de armas) para constranger a vítima e, com isso, praticar contra ela, ou permitir que contra ela se pratique, qualquer ato de conotação sexual.

Segundo a lei, não se pode falar em liberdade para consentir quando há emprego de **violência ou grave ameaça** para o ato. A discordância da vítima está, portanto, na base dessa modalidade de estupro.

Conjunção carnal é a expressão utilizada pela lei para tratar da introdução completa ou parcial do pênis na vagina; **ato libidinoso**, por sua vez, compreende toda interação de conotação sexual, com ou sem penetração, como é o caso da penetração anal, da introdução de objetos na vítima, do sexo oral ou da manipulação genital.

Já a outra modalidade de estupro descrita no Código Penal brasileiro, no artigo 217-A, define como **estupro de vulnerável**: ter conjunção carnal ou praticar outro ato libidinoso com menor de 14 (catorze) anos: Pena – reclusão, de 8 (oito) a 15 (quinze) anos.

A lei ainda define que o mesmo crime acontece quando a vítima, por doença ou deficiência mental, não tem o necessário discernimento para a prática do ato, ou que, por qualquer outra causa, não pode oferecer resistência.

Diferentemente do crime do artigo 213, aqui não se exige emprego de violência (força física) ou grave ameaça para que o estupro se configure, bastando que o/a autor/a tenha praticado atos de conotação sexual, com ou sem penetração, contra vítima que esteja em uma dentre estas três hipóteses:

- Menor de 14 anos.
- Que, por doença ou deficiência mental, não tenha o necessário discernimento para compreensão da natureza do ato.
- Que, por qualquer outra causa, não pode oferecer resistência – por exemplo, quando está sob influência de drogas, álcool, medicamentos ou em estado de sonolência.

OU SEJA

Isso significa que, para a lei brasileira, uma pessoa menor de 14 anos não pode consentir em nenhuma hipótese com uma interação sexual. Esse critério de *vulnerabilidade* da vítima foi adotado em 2009 e impossibilita que haja qualquer análise dos antecedentes sexuais da vítima, incluindo sua ingenuidade, inocência ou virgindade, para relativizar essa condição.

Nesse sentido, a **vulnerabilidade passa a ser, portanto, o único parâmetro para a configuração do crime de estupro de vulnerável**, até para evitar que argumentos preconceituosos e de exclusão social sejam utilizados para desproteção das vítimas. De novo, estamos falando da normativa, isto é, das regras idealizadas. Na prática, infelizmente encontramos muitas exceções.[13]

O critério da vulnerabilidade foi adotado para indicar quais são as pessoas consideradas fragilizadas, isto é, aquelas que não têm capacidade física ou mental para compreender o caráter e as consequências do ato sexual, algo que INTERDITA o consentimento válido.

Além disso, desde 2018, houve a mudança da natureza da ação penal nos crimes sexuais em geral. Assim como nos casos que já mencionamos de lesão corporal em situação de violência doméstica e familiar contra mulheres, todos os crimes sexuais deixaram de ser de "ação pública condicionada" à vontade das vítimas para ser de "ação pública incondicionada".

---

13 S. Chakian, op. cit.

Isso significa que, desde então, o Estado é responsável por processar, julgar e punir o autor desse tipo de comportamento, independentemente da vontade da vítima.

Tal mudança não é trivial, pois foi alterado um importante paradigma dos crimes de estupro, que deixaram de ser entendidos como questão do âmbito privado da vítima e de suas famílias para serem tratados, também, como questões de interesse prioritário para o Estado e a sociedade.

Para a lei brasileira, violências sexuais não são apenas um problema privado, mas também uma questão pública.

O PROBLEMA DA PROVA: O DILEMA DA COMPROVAÇÃO DO ESTUPRO

Para o Direito, dois passos são fundamentais quando há uma investigação de um crime sexual. O primeiro envolve a demonstração de que houve o ato sexual (que não precisa ser penetração; basta qualquer interação erótica). Já o segundo exige a demonstração de que houve uso de violência física ou grave ameaça nessa interação. Para além da palavra da "vítima", serão analisadas provas periciais.

Uma das principais dificuldades enfrentadas por vítimas de estupro e profissionais do Direito que as acompanham é a comprovação dessas violências. Diferentemente do que imaginamos no senso comum ou vemos nos filmes e seriados de investigação criminal, os crimes de estupro nem sempre deixam rastros físicos nas vítimas, tampouco estão amplamente disponíveis tecnologias de reconhecimento de material de DNA ou impressões digitais. E, como em muitos casos de violência sexual, as situações acontecem na ausência de testemunhas, configurando uma complexidade de produção de provas jurídicas.

É importante lembrar: quando o Direito considera que em uma denúncia não há provas suficientes para uma decisão inequívoca, não significa que a justiça esteja dizendo que o crime não tenha acontecido.

Essa situação, não tão rara assim, apenas atesta que, diante do que temos de disponível em termos de produção de provas, não foi possível rastrear resquícios materiais contundentes. Já mencionamos que o Direito brasileiro é muito apegado à ideia de materialidade, certo? Esse apego dificulta que, por exemplo, laudos psicológicos produzidos por profissionais sejam considerados provas ou indícios.

Vestígios em exame sexológico

Quando o ato sexual deixar vestígios (como a presença de esperma na vítima), há a possibilidade de realização de exame pericial sexológico, que não somente identifica a presença do esperma, mas oferece possibilidade de eventual confronto de material genético quando identificada a pessoa suspeita de ter praticado o ato.

O problema é que, ao contrário do que se imagina, nem sempre esse exame é viável, seja porque há diversos atos libidinosos não acompanhados de penetração com ejaculação (e que, por isso, não deixam vestígios), seja porque, ainda que tenha havido ejaculação na vítima, em muitos casos o material acaba se perdendo antes da possibilidade de exame, o que ocorre quando há uso de preservativo ou quando a vítima se higieniza e demora para buscar ajuda especializada.

Nem sempre, também, as equipes técnicas presentes nos locais de atendimento às vítimas têm materiais e conhecimento à sua disposição. A distância entre o ideal e o real é bastante profunda nos equipamentos públicos que atendem mulheres e meninas vítimas de violência sexual. Além disso, estima-se que boa parte das vítimas sequer busque ajuda por conta de vergonha, medo ou falta de confiança na justiça.

O exame sexológico pode atestar ruptura do hímen da vítima nos casos em que ela era virgem antes do ato sexual ou identificar lesões nos órgãos genitais, como laceração dos lábios vaginais ou do ânus. No entanto, existem inúmeras situações em que o laudo sexológico não se presta a essa finalidade, como nos de ato sexual não acompanhado de penetração completa, ou mesmo de vítimas que já tinham tido relação sexual. Aliás, para especialistas, esse imaginário de hímen que sempre se rompe e sangra com a primeira penetração não é regra para todas as pessoas. Se analisarmos as múltiplas constituições dos hímens de mulheres, muitos, inclusive complacentes, jamais apresentarão rupturas.[14]

Não é raro também, mesmo diante de um laudo sexológico que ateste resultado positivo para a presença de esperma na vítima – havendo certeza, portanto, da ocorrência do ato sexual –, que a defesa da pessoa acusada se direcione para o consentimento da vítima, alegando que a interação teria sido consentida, portanto não violenta/criminosa.

Chegamos, aqui, a mais uma de muitas questões delicadas nessa temática: a prova do emprego da violência ou ameaça para interações sexuais.

Vestígios em exame de corpo de delito

Quando o emprego da violência física deixa marcas aparentes, como é o caso de hematomas, escoriações ou outros ferimentos, é possível que a demonstração do uso da força seja feita por um exame de corpo de delito – em outras palavras, a coleta médica de resquícios materiais que possam atestar a materialidade de um crime.

O problema é que o emprego da violência nem sempre deixa marcas passíveis de constatação. Da mesma forma pode acontecer com o "uso da grave ameaça", na maioria das vezes externada por palavras, gestos ou exibição de armas, quase sempre longe do olhar de testemunhas.

Por essas dificuldades técnicas, muitas vezes a defesa vai questionar a demonstração do dissenso da vítima, isto é, de sua resistência para o ato, argumentando que, se não há provas, não há crime.

Dentro desse contexto delicado, é preciso considerar na análise da comprovação as inúmeras situações em que a reação da vítima não deixará marcas ou seus gritos não serão ouvidos, visto não haver testemunhas. Não se pode desprezar as situações de coação moral, com ameaças por palavras ou gestos que paralisam e silenciam as vítimas, por medo ou reação traumática.

---

14 M. Sanyal, *Rape: From Lucretia to #MeToo*, 2019.

No mundo jurídico, por séculos sustentou-se com base em diversas analogias – como a da espada que não conseguiria entrar na bainha em movimento de Voltaire[15] – que o estupro praticado por um único homem contra uma mulher seria impossível, porque ela conseguiria evitar a penetração ao se mexer ou fugir. Por isso, passou-se a exigir demonstração clara da desproporção de força física entre autor e vítima, além de vestígios de luta por parte desta para que o estupro fosse demonstrado e considerado provado.

---

15 O filósofo argumentava, pela dinâmica dos corpos em movimento, a impossibilidade de uma mulher ser estuprada por um só homem. Para tanto, descrevia como uma rainha teria desqualificado a acusação de uma mulher que se dizia vítima de estupro, exibindo a bainha de uma espada em movimento, que representaria a suposta vítima se debatendo, para concluir que seria impossível a introdução da espada, ou seja, do órgão genital masculino, na sua vagina, caso ela estivesse resistindo.

A RESISTÊNCIA HEROICA

Faz parte de uma mentalidade bastante arraigada no campo jurídico – e podemos nos perguntar, também, se não no senso comum – que a mulher, diante da iminência do estupro, exiba uma resistência heroica, chegando a colocar sua própria vida em risco. Essa crença generalizada faz com que acreditemos que, se uma mulher não chegou de fato muito próximo da morte, ela não teria efetivamente resistido, e sua ausência de consentimento pode ser questionada. Há muita gente que acredita que, quando a mulher diz "não", está, na verdade, querendo dizer "sim".

Existe um imaginário histórico, ainda compartilhado por muitas pessoas, de que a vítima mulher diversas vezes apresenta uma recusa apenas por recato ou para tornar o jogo do amor mais difícil ou interessante, noção sedimentada na expressão em latim *vis haud ingrata*.

Essas são crenças sedimentadas ao longo de séculos, que até hoje contaminam a percepção sobre as diferentes reações das vítimas diante do ataque sexual para desacreditar aquelas situações em que não haja resistência heroica ou testemunhas presenciais.

No livro *A vida nunca mais será a mesma*: *cultura de violência e estupro no Brasil*, a jornalista Adriana Negreiros traz o histórico de argumentos de um dos mais célebres juristas brasileiros, Nelson Hungria, para exemplificar essa noção de que, diante do estupro, a vítima deveria se manifestar fisicamente de forma enfaticamente resistente. A mera "platônica ausência de adesão", uma "oposição passiva ou inerte" ou uma "recusa meramente formal" não constituiriam estupro.

Ao falar sobre sua própria experiência de estupro, a autora conta: "Até ler os processos, parecia-me desnecessário reafirmar a resistência durante um estupro – uma resistência que talvez não seja óbvia, como em filmes e novelas, em que a mulher luta contra o agressor, morde o braço dele, debate-se contra o chão. Uma resistência que, em muitos casos – como o meu – é uma espécie de congelamento. Disfarça-se de subserviência. Em um estupro, quando a mulher é submissa e faz tudo que o estuprador manda, na verdade ela está lutando com ferocidade. Porque sabe, de forma intuitiva, que lutar contra o pavor, o nojo, a dor e a humilhação é talvez a única maneira de escapar da morte, e o medo de morrer se impõe a todos os outros. Não lutar corporalmente e, em vez disso, ceder, ser até simpática e cordial com o bandido pode parecer um comportamento covarde e complacente, mas no fundo é um ato de valentia."[16]

Nas palavras de Sohaila Abdulali, autora de *Do que estamos falando quando falamos de estupro*: "Eu escolhi estupro em vez de morrer. Algumas pessoas chamam isso de consentimento."

---

[16] A. Negreiros, op. cit., p. 127.

E A QUESTÃO DA PROVA EM CASOS DE ESTUPRO DE VULNERÁVEL?

No **estupro de vulnerável,** o raciocínio para a construção de provas, também chamado de "conjunto probatório", toma caminhos diferentes. Como já mencionamos, a própria legislação veda qualquer possibilidade de **consentimento válido**, em razão:

1. da idade da vítima

Até os 14 anos, para a lei brasileira, não há possibilidade de consentimento válido e não se admite que argumentos relacionados à virgindade, inocência sexual, imaturidade, experiência ou adesão ao ato sejam considerados para afastar o crime.

O parágrafo 5º da Lei nº 13.718/2018 deixa ainda mais claro esse impedimento quando determina que as penas devem ser aplicadas "independentemente do consentimento da vítima ou do fato de ela ter mantido relações sexuais anteriormente ao crime".

2. de presença de doença ou deficiência mental

Em relação à vítima com deficiência, é preciso que esta retire dela a capacidade de discernir sobre a natureza do ato sexual para que o estupro se configure, já que o Estatuto da Pessoa com Deficiência (Lei nº 13.146/2015) garante à pessoa com deficiência o direito de "exercer direitos sexuais e reprodutivos".

3. ou qualquer outra causa que a impeça de resistir.

Quando a lei define como vulnerável "quem, por qualquer outra causa, não pode oferecer resistência", ela está abrangendo todas as situações em que a vítima esteja subjugada, como é o caso daquela que está sob efeito de substância entorpecente que afete sua consciência, altamente alcoolizada, dormindo ou impedida de manifestar consentimento válido para aquela prática sexual, por força de manipulação de seu estado de consciência, percepção ou crença.

Nessas circunstâncias, uma das principais dificuldades jurídicas é a de comprovar esse **estado de incapacidade de resistência da vítima –**

tanto porque crimes sexuais costumam acontecer longe do olhar de testemunhas como porque também nem sempre é possível contar com o auxílio de provas periciais, já que exames toxicológicos que constatam presença da dosagem de álcool ou drogas no sangue da vítima têm suas limitações.

RECAPITULANDO: PARÂMETROS JURÍDICOS PARA A VALIDADE DO CONSENTIMENTO SEXUAL

Vamos relembrar, então, os requisitos jurídicos básicos para que o **consentimento sexual** seja considerado válido no Brasil:

1. Quando trata das condições da vítima de estupro, a legislação diz que, apesar de o bem – liberdade sexual – ser **individual** e **disponível**, portanto passível de ser consentido, determinados titulares não têm **capacidade** e **liberdade** para fazê-lo validamente.

2. Até os 14 anos, a lei leva em conta a situação de fragilidade e falta de capacidade de compreensão inerente à idade. No caso da pessoa que, por doença, deficiência mental ou qualquer outra causa, não possa resistir, a lei leva em conta que quem não pode oferecer resistência não consentiu com o ato, circunstância que deve ser analisada caso a caso.

3. A manifestação de consentimento para o ato sexual também deve ser **livre**, não podendo ser motivada por fraude ou erro (artifícios que levam a vítima a uma falsa compreensão dos fatos), coação ou ameaça.

Outros dois parâmetros serão exemplificados mais à frente, dentro de contextos que nos ajudam a entender melhor esses temas que se encaixam no que chamamos de zonas cinzentas.

ZONAS CINZENTAS

Já dissemos que falar de consentimento sexual nos remete basicamente a dois cenários contrastantes: o primeiro, relacionado à violência sexual praticada por desconhecido, na rua, contra a vítima que se debate e fica machucada; o segundo, da relação consensual idealizada e harmoniosa entre duas pessoas que se comunicam de forma clara e precisa, situações possíveis de tradução nos conceitos do *"sim é sim"* e *"não é não"*. Mas também mencionamos que, no entanto, a realidade é bem mais complexa e cheia de nuances, que revelam zonas cinzentas entre esses cenários imaginários, são ambíguas e difíceis de discernir. Vamos enfrentá-las aqui.

A falta do requisito da **liberdade** para consentir é mais clara em situações de violação sexual em que é empregada violência física ou grave ameaça, mas muito mais delicada quando imposta por condições sociais, econômicas, religiosas ou culturais.

É o que costuma ocorrer, por exemplo, no crime de "tráfico de pessoas para fins de exploração sexual", ou no crime de "exploração sexual de menor de 18 anos", porque não há que se falar em liberdade para consentir nesses casos, considerando os aspectos de vulnerabilidade social e econômica da vítima diante da condição de abuso de poder econômico do explorador.

Outro dificultador surge nos casos em que há, por parte da vítima, o chamado "temor reverencial" em relação ao autor, o que ocorre quando o autor da conduta exerce papel ascendente, de dominação e de grande admiração (pai, avô, padrasto, professor, líder espiritual, ídolo, pessoas muito ricas ou poderosas etc.). É difícil pensar em consentimento válido em situações nas quais a vítima tem medo do agressor.

Esse aspecto também suscita intenso questionamento, sobretudo quando autor e vítima são conhecidos e acaba havendo maior dificuldade de comprovação da falta de consentimento, como no estupro praticado por parceiro, ex-parceiro ou alguém do convívio da vítima.

Alguns casos recentes ocorridos no Brasil nos ajudam a ilustrar esta nossa conversa.

O caso "João de Deus"

Pessoas que estejam em situação de manipulação de estado de consciência, percepção ou crença são consideradas, pela lei brasileira, vulneráveis e inaptas a consentir. Essa questão ganhou bastante repercussão no caso do médium conhecido como João de Deus e de outros tantos líderes espirituais, ídolos, gurus ou "terapeutas" que se valeram da posição de ascendência intelectual ou espiritual para subjugar mulheres e contra elas praticar atos sexuais ou libidinosos.[17]

Sendo assim, a "impossibilidade de oferecer resistência, por qualquer causa", pode abranger situações em que a crença e a fé sejam manipuladas e exploradas, a ponto de impedir a capacidade das vítimas de discernir e resistir, tornando o consentimento inválido.

Para o penalista Guilherme Nucci,[18] essa vulnerabilidade se agrava por medo, vergonha, culpa, dúvida, todos sentimentos que atingem as vítimas de violência sexual de maneira geral, aliados à crença de que aquele fato tenha ocorrido somente com elas, levando-as ao descrédito, ao julgamento e até à responsabilização pela denúncia, recebida como mentirosa. Daí porque, em casos dessa natureza, as vítimas somente consigam romper com o silêncio quando outras já se manifestaram, numa reação em cadeia, como já ocorreu.

O caso Mariana Ferrer: "estupro culposo" e violência processual

Outro caso que acabou ganhando grande repercussão foi o Mariana Ferrer. A história da jovem catarinense de 23 anos, que denunciou uma violência sexual sofrida dentro de uma boate de elite em Florianópolis, suscitou diversos debates na mídia e nas redes sociais.

Mariana contou que, em dezembro de 2018, foi dopada e estuprada em um dos camarotes da boate. Como provas, foram coletadas amos-

---

17 Cristina Fibe, *João de Deus: o abuso da fé*, 2021.
18 G. Nucci, "João de Deus – estupro ou violação sexual mediante fraude?". *Consultor Jurídico*, 28 dez. 2018. Disponível em <https://www.conjur.com.br/2018-dez-24/nucci-joao-deus-estupro-ou-violacao-sexual-mediante-fraude/>. Acesso em 30 jul. 2024.

tras de esperma de sua roupa, mensagens trocadas entre Mariana e suas amigas, bem como imagens de uma câmera de segurança. Todo o processo foi marcado por polêmicas e abordagens que colocaram Mariana em situações moralmente vexatórias.

O Ministério Público catarinense denunciou o acusado, imputando a ele a prática de estupro de vulnerável contra Mariana, uma vez que ele teria mantido atos sexuais com ela, que não teria tido capacidade de oferecer resistência, dado que estaria dopada ou alcoolizada. Ao fim da ação penal, houve a absolvição do acusado sob o fundamento de que o autor teria se enganado sobre a vulnerabilidade da vítima, tendo interpretado que ela estaria em condições para consentir com o ato sexual.

Em outras palavras, entendeu-se que o acusado não teria conhecimento sobre a falta de condições da vítima para decidir e, portanto, não teria agido com o objetivo de se aproveitar da situação de vulnerabilidade dela ou que, ainda que tenha existido, seria por ele desconhecida. Para a lei penal, esse erro exclui a intenção de praticar o crime, e o resultado foi a absolvição.

O tratamento discriminatório e ofensivo dado à Mariana por parte dos advogados do acusado durante diferentes etapas do julgamento gerou um acalorado debate público, que culminou na sanção da **LEI FEDERAL Nº 14.245/2021**, apelidada de Lei Mariana Ferrer, que visa coibir o desrespeito contra vítimas ou testemunhas, em especial em apuração de crimes contra a dignidade sexual.

Veja a lei completa:

A PALAVRA DA VÍTIMA NOS CRIMES DE ESTUPRO: DESCONFIANÇA E REVITIMIZAÇÃO

Os crimes de estupro e de estupro de vulnerável são classificados pela Lei nº 8.072/1990 como hediondos. Isso quer dizer que não autorizam fiança, e suas penas, consideráveis, devem ser cumpridas inicialmente em regime prisional fechado.

Não bastasse essa gravidade objetiva, a acusação de estupro também acaba sendo responsável por impor à pessoa acusada um forte estigma social, que, a depender do caso concreto, traz consequências definitivas para a reputação e a imagem, mesmo na hipótese de uma eventual absolvição. Exemplo disso pode ser uma denúncia que circule massivamente pela mídia e que, mesmo diante da conclusão de que o crime não teria acontecido, fique associada à imagem do acusado.

É compreensível, portanto, que a investigação de crimes dessa natureza tenha a máxima preocupação em buscar esclarecer o que no Direito se convencionou denominar "verdade real dos fatos", a fim de evitar a possibilidade de erro na acusação.

Da mesma forma, precisa haver, para a sentença condenatória, um conjunto de provas fortes o suficiente para demonstrar com segurança a veracidade da acusação, até porque em nosso sistema processual penal vigora o chamado "princípio da presunção da inocência" – em que todos/as são considerados/as inocentes até que se prove o contrário.

Nos crimes de estupro, na maioria dos casos, não se encontra grande contribuição em provas periciais ou testemunhais, e a palavra da vítima acaba sendo elemento central para a acusação.

Considera-se, é claro, que a palavra da vítima não pode se afastar dos requisitos de coerência e plausibilidade para servir de fundamento à responsabilização do autor. Contudo, também é verdade que a desconfiança com que as mulheres são ouvidas e tratadas nos casos de crimes sexuais não se verifica na investigação de qualquer outro crime, inclusive outros também classificados como hediondos, para os quais são igualmente previstas penas altas.

As ambiguidades sempre podem existir durante um processo criminal, mas a forma de tratá-las muda, e muito, quando estamos

diante de um crime sexual com vítimas mulheres, o que equivale, antes de tudo, a um grande paradoxo, afinal de contas sabemos que a vítima de violência sexual é aquela que mais silencia e sofre com o trauma e o estigma social.

Você já parou para pensar no real motivo de tanta desconfiança em relação à palavra da vítima de violência sexual? A resposta está, a nosso ver, nos já mencionados mitos e crenças que permeiam as análises sobre os crimes de estupro e que acabam sendo levados, até mesmo por integrantes do sistema de justiça, para dentro das salas de julgamento. Esses mitos e crenças correspondem a idealizações sobre o que se espera de uma "verdadeira vítima", de um "possível autor de violência", ou mesmo de um "cenário crível de violência".

Também devemos reconhecer que essas concepções estão associadas à condição histórica da mulher, ao legado de tratamento discriminatório, desumanizado, e à persistência dos estereótipos de gênero na nossa sociedade, nas instituições e no próprio sistema de justiça.

Afinal, a concepção vigente durante séculos de que a mulher sequer existia como sujeito de direitos foi determinante para que valores, como sua inferioridade moral e intelectual, assim como sua castidade, virgindade, honestidade, recato e honra conjugal, orientassem não somente toda a produção do Direito, mas também a desconfiança de sua palavra.[19]

E com isso as mulheres foram, mais uma vez durante longo período, excluídas do "direito de dizer a verdade", sendo vistas como mentirosas, doentes, dotadas de inferioridade biológica e moral, tidas como mais descontroladas, vingativas e interesseiras, além de mais irresponsáveis nas suas narrativas.

Como resultado dessa desconfiança, meninas e mulheres que relatam episódios de violência sexual são frequentemente cobradas nos mais diversos detalhes e questionadas sobre informações difíceis de fornecer

---

[19] S. Chakian, "A palavra da mulher vítima de violência sexual", in Silvia Pimentel, Beatriz Pereira e Monica de Melo, *Estupro: perspectiva de gênero, interseccionalidade e interdisciplinaridade*, 2018.

para qualquer vítima, que dirá para aquelas que sofrem com esse tipo de violação. É o caso das indagações sobre seu comportamento antes, durante e depois da violência sexual, suas vestimentas, o fato de estar ou não sozinha em determinado local, o tempo exato de cada ato sexual, a ordem cronológica dos fatos, suas reações e sentimentos, assim como as circunstâncias relacionadas ao autor do crime.[20]

O padrão de descrédito da palavra da vítima de violência sexual não é uma realidade exclusivamente brasileira. No já citado caso do jogador de futebol Daniel Alves, em que uma moça o acusou de um estupro do qual foi vítima numa casa noturna em Barcelona, chamou atenção que desde o primeiro momento ela tenha declarado publicamente, por meio de sua advogada, que não queria ser identificada e que renunciava ao seu direito de indenização por danos materiais e morais, pedindo apenas que se fizesse "justiça", como se o recebimento desse direito legal, na hipótese de condenação do autor de crime sexual, tornasse menos legítima sua luta por justiça.

A preocupação da vítima era clara: neutralizar o calvário de julgamento moral público e perverso que as mulheres vítimas de violência sexual atravessam quando denunciam agressores – acusadas de serem loucas, vingativas ou, em casos de autores famosos e ricos, interesseiras e mercenárias.

Acontece na Espanha, no Brasil e em outros países um verdadeiro paradoxo na evolução legislativa: por um lado, o aumento de instrumentos de proteção, de canais de denúncia e até a ampliação da compreensão sobre violência sexual na sociedade; por outro, o descrédito da palavra da vítima, o julgamento moral e a persistência de mitos e crenças sobre seu comportamento antes, durante e depois da denúncia.

É sintomático que a vítima do caso Daniel Alves tenha declarado abrir mão do direito legítimo de ser ressarcida. Ela tinha a certeza, infelizmente, de que seria julgada de forma negativa. Uma pessoa vítima de acidente de trânsito não abre mão do direito à indenização. Da mesma forma ocorre quando há danos a partir de erro médico, roubo ou estelionato.

---

20 S. Chakian, op. cit.

Trata-se de direito previsto em lei, porque de violações decorrem danos financeiros e morais. E esse impacto acontece também em casos de violência de gênero contra mulheres.

Tanto é verdade que, no Brasil, o Superior Tribunal de Justiça entende que o dano moral devido à mulher em casos de violência doméstica prescinde de prova e deve ser reparado já na sentença que condena o agressor. A mulher vítima de violência sexual não pode se tornar menos vítima porque exerce seu direito legítimo à indenização.

Segundo a advogada espanhola informou em entrevista, a vítima, ao tomar conhecimento da sentença condenatória de Daniel Alves pelo crime de estupro, chorou e repetiu: "Acreditaram em mim! Acreditaram em mim!", o que é revelador de como o sentimento de justiça, para a vítima, não se limita à condenação do autor da violência, mas também passa pela credibilidade de sua palavra.

Ainda há muito para avançar até que denúncias de violência sexual sejam investigadas de maneira a observar o devido processo legal e a ampla defesa, sem perder de vista a necessidade de respeito à dignidade das vítimas e as garantias de seus direitos de não revitimização, evitando, principalmente, que estereótipos de como deve ser e se comportar uma "verdadeira vítima" não mais influenciem negativamente esses julgamentos.

OUTRAS TIPIFICAÇÕES PENAIS IMPORTANTES (E RECENTES)

Importunação Sexual

(Lei nº 13.718/2018): Art. 215-A. *Praticar contra alguém e sem a sua anuência ato libidinoso com o objetivo de satisfazer a própria lascívia ou a de terceiro. Pena – reclusão, de 1 (um) a 5 (cinco) anos, se o ato não constitui crime mais grave.*

O tipo penal de importunação sexual foi criado em 2018 em resposta à reação popular dos movimentos sociais de mulheres e de especialistas da área da violência contra a mulher, diante da sensação de impunidade nos casos de assédio, em especial aqueles praticados em espaços públicos e em meios de transporte. Até então, no Brasil, o assédio, no sentido amplo, era tipificado apenas quando restrito a situações de trabalho e ensino entre chefes, professores e subordinados/as, ou mediante situação chamada de "importunação ofensiva ao pudor", contravenção (ato ilícito de menor potencial ofensivo) que era utilizada para casos de atos considerados imorais e não consentidos.

No início dos anos 2010, uma mudança significativa nas percepções de situações vividas por meninas e mulheres nas ruas – que costumavam ser vistas como elogios ou mesmo uma paquera – levou a um acalorado debate público, culminando no aumento de demandas por mudanças de comportamento, na proliferação de campanhas de conscientização e na criação de uma lei específica para tipificar e punir com mais rigor o assédio em espaços públicos.

O assédio no ambiente público passou a ser veementemente rechaçado como abuso, desrespeito e violência baseada no gênero, que atinge desproporcionalmente meninas e mulheres, bem como uma violação do direito constitucional de ir e vir.

O crime de importunação sexual buscou, portanto, resolver uma lacuna legislativa que dificultava o enquadramento de determinadas condutas em que não havia necessariamente uso de força ou ameaça, dificultando que as mulheres denunciassem ou tomassem qualquer providência, inviabilizando a existência de punições ou consequências.[21]

---

[21] A. Bianchini, M. Bazzo e S. Chakian, *Crimes contra mulheres: Lei Maria da Penha. Crimes sexuais, feminicídio e violência política de gênero*. Salvador: Juspodivm, 2024.

Algumas situações de assédio em espaços públicos não se enquadravam nas definições legais de estupro, que exigem a presença de força física ou de uma ameaça. A partir da nova lei, no entanto, constam como crimes sexuais quaisquer atos considerados libidinosos, isto é, que podem ser entendidos com intuito erótico, cometidos sem a autorização de alguém, como passadas de mão e apertões, beijos forçados, encoxadas, lambidas, apalpadas ou mesmo cantadas invasivas.

Divulgação não consentida de material íntimo na internet

(Decreto-lei nº 2.848/1940): Art. 218-C. *Oferecer, trocar, disponibilizar, transmitir, vender ou expor à venda, distribuir, publicar ou divulgar, por qualquer meio – inclusive por meio de comunicação de massa ou sistema de informática ou telemática –, fotografia, vídeo ou outro registro audiovisual que contenha cena de estupro ou de estupro de vulnerável ou que faça apologia ou induza a sua prática, ou, sem o consentimento da vítima, cena de sexo, nudez ou pornografia. Pena – reclusão, de 1 (um) a 5 (cinco) anos, se o fato não constitui crime mais grave.*

Com a popularização da internet e de outras tecnologias digitais, o início do século XXI testemunhou a proliferação da comunicação e do contato, tornando possível que pessoas do mundo inteiro possam estar conectadas, criando e compartilhando conteúdos, mensagens, textos, fotos e vídeos com apenas alguns cliques ou tocar de dedos. A internet se tornou, também, espaço de produção e reprodução de violências contra mulheres, demandando o aprimoramento da legislação.

Criado em resposta a essas mudanças oriundas da digitalização das relações sociais, esse novo tipo penal parte do reconhecimento de que a violência praticada no ambiente virtual tem alcance maior, dada a capacidade de exposição da intimidade da vítima, que pode ser disseminada a um número elevado e indeterminado de usuários em uma fração de segundos. O novo crime também busca abranger diversas formas de disseminação indevida de conteúdo íntimo sem consentimento, podendo resultar em intenso constrangimento e sofrimento.

No linguajar cotidiano, chamamos essas situações de "vazamentos de nudes", "exposições em redes sociais", "pornografia de vingança" etc.

··· PARA CONTINUAR A CONVERSA

Caiu na net: *nudes e exposição de mulheres na internet*, de Beatriz Accioly Lins (2021). O livro aborda a questão da exposição não consensual de mulheres na era digital. A autora analisa as dinâmicas sociais, culturais e tecnológicas que contribuem para a disseminação de imagens íntimas sem consentimento, explorando suas ramificações legais, psicológicas e sociais.

Misoginia na internet: *uma década de disputas por direitos*, de Mariana Valente (2023). O livro investiga os impactos das interações misóginas na vida das mulheres e como as estruturas das redes sociais contribuem para esse fenômeno. Valente também discute estratégias legais e políticas para combater a violência de gênero online.

Perseguição (*stalking*)

(Lei nº 14.132/2021): Art. 147-A. *Perseguir alguém, reiteradamente e por qualquer meio, ameaçando-lhe a integridade física ou psicológica, restringindo-lhe a capacidade de locomoção ou, de qualquer forma, invadindo ou perturbando sua esfera de liberdade ou privacidade. Pena – reclusão, de seis meses a dois anos, e multa.*

Para esse crime, há previsão de aumento de pena quando cometido: I – contra criança, adolescente ou idoso; II – contra mulher por razões da condição de sexo feminino, isto é, nas situações de violência doméstica e familiar, menosprezo ou discriminação; III – quando praticado por duas ou mais pessoas ou com o emprego de arma.

Mais uma vez, a nova lei teve como objetivo suprir a falta de regramento jurídico específico para casos de perseguição insistente, mesmo sem a presença de outras formas de violência, como ameaças, agressões ou ofensas.

Em alguns países, essa situação é descrita como *stalking*, sendo caracterizada pela recorrência das condutas que restringem a liberdade de ir e vir ou que atentem contra a liberdade e privacidade da vítima, como ligar ou mandar mensagens repetidamente, rondar a região da casa ou do trabalho da vítima, entre outras situações. Aqui, novamente, tem centralidade o consentimento para o contato, tanto que, para esse crime, a ação penal é pública condicionada, isto é, depende da manifestação de vontade da vítima.

Violência psicológica contra a mulher

(Lei nº 14.188/21): Art. 147-B. *Causar dano emocional à mulher que a prejudique e perturbe seu pleno desenvolvimento ou que vise a degradar ou a controlar suas ações, comportamentos, crenças e decisões, mediante ameaça, constrangimento, humilhação, manipulação, isolamento, chantagem, ridicularização, limitação do direito de ir e vir ou qualquer outro meio que cause prejuízo à sua saúde psicológica e autodeterminação. Pena: reclusão de 6 meses a 2 anos, e pagamento de multa, se a conduta não constitui crime mais grave.*

É verdade que o rol dos tipos de violência previstos no artigo 7º da Lei Maria da Penha já contemplava, desde 2006, a existência da violência psicológica como uma das cinco expressões da violência doméstica e familiar contra mulheres; as demais são física, moral, sexual e patrimonial. A violência psicológica é descrita como:

> [...] qualquer conduta que lhe cause dano emocional e diminuição da autoestima ou que lhe prejudique e perturbe o pleno desenvolvimento ou que vise degradar ou controlar suas ações, comportamentos, crenças e decisões, mediante ameaça, constrangimento, humilhação, manipulação, isolamento, vigilância constante, perseguição contumaz, insulto, chantagem, violação de sua intimidade, ridicularização, exploração e limitação do direito de ir e vir ou qualquer outro meio que lhe cause prejuízo à saúde psicológica e à autodeterminação.[22]

---

22 "Em dezembro de 2018, pela Lei nº 13.777/2018, a descrição da violência psicológica passou a incluir, também, a 'violação da intimidade', fruto de demanda social, política e legislativa para o reconhecimento da circulação não autorizada de imagens eróticas, comumente chamada de 'vazamento de nudes', 'pornografia de vingança' ou 'exposição', como forma de violência encapsulada pela Lei Maria da Penha." B.A. Lins, *Violências invisíveis? Uma contribuição antropológica sobre a violência psicológica na Lei Maria da Penha*, 2024.

Acontece que, do ponto de vista do Direito, a violência psicológica não era uma tipificação penal, isto é, um crime descrito no Código Penal brasileiro. Aliás, a Lei Maria da Penha não cria tipificações, pois é uma lei processual que informa autoridades que tratam de crimes já existentes no Código Penal, estabelecendo alguns protocolos específicos para determinadas circunstâncias em que a vítima é entendida como alguém que precisaria de atenção especial e tutela ainda maiores do Estado.

Vamos dar um exemplo. Se uma mulher buscasse os serviços de uma delegacia, e em sua narrativa de violência estivessem presentes somente situações semelhantes à descrição normativa da violência psicológica, provavelmente os/as policiais teriam dificuldade em enquadrar o caso nos tipos penais mais utilizados naqueles espaços, como lesão corporal, ameaça e injúria.

Na prática, a responsabilização de autores/as ainda dependia da existência de uma tipificação adequada, sobretudo para casos de comportamento de controle à liberdade da vítima, de atos de vigilância, impedimento de ela trabalhar, privação financeira, abuso verbal, humilhação, dentre outros. Em razão da existência de situações como essas é que foi criado o tipo penal da violência psicológica.

VIOLÊNCIAS INVISÍVEIS OU INVISIBILIZADAS?

Nos últimos anos, os debates sobre violência contra mulheres têm chamado atenção para uma série de demandas voltadas aos aspectos não materiais ou físicos da violência. Tem-se exigido que outras formas de violação sejam levadas a sério pela sociedade e pelo sistema de justiça. É comum encontrarmos a utilização do adjetivo "invisível" por vítimas, ativistas e profissionais para se referir a formas não visíveis de violência, muitas vezes por isso desconsideradas ou tidas como menos importantes ou graves.

"Violências invisíveis" seriam situações atravessadas por tentativas de controle, imposição de medo, afastamento social, humilhação e submissão. Essa violência sutil – que não deixa marcas – tornaria difícil que a mulher reconhecesse a situação como tal, gerando confusão, incapacidade e subserviência. Muitas vezes situações de abuso, poder e confiança são mascaradas em linguagens de amor, ciúmes, atenção e cuidado.

Há – ao menos para leigos em relação às nuances do sistema classificatório do Direito – uma implícita ordenação hierárquica entre violências físicas e aquelas que não deixam rastros materiais em forma de provas ou hematomas. Na hierarquia penal, o Direito brasileiro tende a considerar mais graves atentados contra a integridade física, fazendo com que os encaminhamentos de situações que não envolvam violação materializada em corpos, hematomas e vestígios sejam mais, digamos, complicados. A nova tipificação veio para tentar corrigir esse desvio.

Para nós, neste livro-diálogo, esse tema é especialmente importante, uma vez que elementos psicológicos e psíquicos são fundamentais para entendermos as violências e seus efeitos.

CONCLUSÃO

ALÉM DO "SIM" E DO "NÃO": CONSENTIMENTO NÃO É SIMPLES COMO CHÁ OU BATATA FRITA

"Suponha que alguém que você conheça sem muita intimidade apareça em sua casa, com bagagem e tudo, simplesmente entre e passe a noite. Quando você questiona, a resposta é: 'Bom, você não me disse que eu não podia.' Ou imagine que um homem invada a sua casa enquanto você dorme depois de uma noite de bebedeira, e roube suas coisas sem que você perceba. Será que a sua embriaguez implica consentimento?"

São essas duas perguntas, a princípio meio descabidas, que iniciam o texto publicado em setembro de 2014 no jornal *The New York Times*.[1] Escrito pela renomada ativista dos direitos das mulheres, Gloria Steinem, e por Michael Kimmel, professor de Sociologia e Estudos de Gênero na Stony Brook University, o artigo de opinião aborda a importância que o consentimento adquiriu nos debates sobre violência sexual nas últimas décadas em diversos países, e especialmente nos Estados Unidos.

Chamado de "Sim é melhor do que não", o texto de Steinem e Kimmel comemora, naquele momento, a aprovação de um projeto de lei do estado da Califórnia considerado, pelos autores, um "divisor de águas na compreensão e na prevenção da violência sexual". Como já mencionamos, aquela foi a primeira lei, em solo estadunidense, a adotar uma perspectiva de "consentimento positivo", isto é, a premissa de que, para

---

1 G. Steinem e Michael Kimmel, *"Yes" is Better Than "No"*, 2014.

que interações sexuais fossem consideradas sadias e respeitosas, seria necessária a presença da afirmação (de preferência verbal) enquanto expressão da vontade – em outras palavras, o "sim".

De acordo com a nova lei, se alguém desejasse estabelecer uma interação sexual com outra pessoa que se mantivesse imóvel ou fornecesse sinais corporais muito ambíguos, por exemplo, a pessoa deveria se certificar de que a outra estivesse realmente disposta àquela interação. Ao longo do livro, mostramos como a lei californiana é considerada um resultado direto da mobilização de grupos de mulheres que denunciaram, em diferentes mídias, a negligência e o imobilismo das instituições de ensino superior do país na condução de denúncias envolvendo situações de violência sexual ocorridas em *campi* universitários.

Essa movimentação teve efeito cascata para outros contextos nacionais e/ou locais, entre eles o Brasil, o que ilumina certo caráter transnacional comum às demandas pela utilização do consentimento como métrica do sexo legítimo, lícito e desejável.

A partir de 2014, uma série de países e regiões adotou legislações de consentimento positivo, que muitas vezes recebem o apelido de "*sim* significa *sim*". Em 2018, por exemplo, a Suécia também optou por mudanças semelhantes. No mesmo período, no Canadá francófono, o bordão "sans oui, c'est non" (sem "sim" é "não") também alçou grande visibilidade. Em 2022, a Austrália tornou obrigatória a educação baseada no consentimento em todas as suas escolas, abordando temas – adequados às diferentes faixas etárias – relacionados à coerção, aos estereótipos de gênero e às desigualdades de poder.

A centralidade do consentimento foi uma mudança importante de paradigma nas discussões sociais, midiáticas e jurídicas acerca do que consideramos socialmente aceitável quando falamos de sexo, questionando o padrão dominante do "consentimento negativo", isto é, o consentimento estaria implícito, a não ser que houvesse a presença expressa da negativa – o "não". E, de preferência, um "não" enfático e demonstrado verbalmente.

Críticas ao modelo do "consentimento negativo", entre elas as de Gloria Steinem e Michael Kimmel, enfatizam que essa premissa deixaria descoberta – em uma espécie de "área cinzenta" – uma série de situações em que o consentimento não foi dado, mas presumido, como aquelas em que uma das pessoas estivesse embriagada, dormindo ou simplesmente em silêncio. Steinem e Kimmel afirmam: "Apenas um 'sim' explícito pode ser considerado consentimento." Em outras palavras, consentimento verbal deve funcionar como código de conduta mínimo para relações mutuamente respeitosas.

O texto-manifesto de Steinem e Kimmel é contundente, ilustrando de forma didática a retórica do consentimento sexual. *Não é não. Sim é sim*. E a ausência do "não" **NÃO** implica um "sim".

A premissa é simples como chá e batatas fritas: na presença da concordância (o "sim"), há consentimento; portanto, a interação deve ser considerada legítima e correta. Já diante da discordância – o "não"–, não há consentimento, o que torna a interação violadora e violenta. Na ausência do "não", como o silêncio, o consentimento não deve ser presumido. Até aí, tudo bem. Será?

Ao longo desta nossa conversa, argumentamos como, na realidade, o consentimento é cheio de complicadores e complexidades. Um "sim" dado sob ameaça ou medo dentro de uma relação violenta, por exemplo, ou diante de uma pessoa que tem muito mais poder, não pode ou deve ser considerado um consentimento legítimo. Consentir sem saber com o que se estava concordando não implica consentimento legítimo. Há uma série de situações em que o consentimento de uma pessoa pode estar comprometido, e por isso não deve ser considerado válido.

A supervalorização do "sim" também esconde que nem todas as mulheres têm a liberdade de dizer "não". A possibilidade do "não" é uma importante ferramenta política para as mulheres, servindo de fio condutor para reivindicações, posicionamentos e mudanças, mas nem sempre é uma opção real.

A história das mulheres pode ser contada a partir de diversos silenciamentos históricos: o silenciamento político, o silenciamento econômico, o silenciamento jurídico. O silêncio foi a condição histórica das mulheres nos espaços de poder e de prestígio. Parafraseando Rebecca Solnit, em seu livro *A mãe de todas as perguntas*,[2] o poder de ser ouvida é

---

2 R. Solnit, *A mãe de todas as perguntas: reflexões sobre os novos feminismos*, 2017.

uma riqueza a ser redistribuída. E o silêncio é uma imposição, atuando como cúmplice da violência contra mulheres.

A ausência do "não" – seja na forma do silêncio ou mesmo em uma tímida ou ambígua concordância – não necessariamente implica consentimento. Há diversos motivos para as pessoas concordarem a contragosto ou se calarem diante de uma situação em que consideram ser danoso expor sua vontade contrária.

Tanto o silêncio quanto a concordância podem estar envoltos em medo, paralisação e traumas. Quantas vezes, em diversas situações, não concordamos para agradar, ou mesmo por acharmos que sequer temos a opção de dizer "não", e fazemos algo sem querer? Isso é verdade, também, para interações sexuais.

Com alguma frequência, em nosso trabalho com mulheres que passaram por situações de violência, nós, autoras, escutamos relatos que transitam exatamente nessa zona cinzenta entre a concordância, a insegurança e a percepção de não ser possível negar. Já escutamos, e mais de uma vez, mulheres contando histórias que chamam de "estupro consentido", situações em que simplesmente cederam a uma interação sexual por avaliarem que expor sua verdadeira vontade causaria mais problemas, algo que aparece em relatos de mulheres casadas ou em relacionamentos sérios.

Para a pesquisadora feminista britânica Sara Ahmed, "poder" implica direito de recusar a vontade alheia e desobedecê-la. Em outras palavras, "poder" significa ter o direito de dizer "não". Historicamente, Ahmed argumenta, tem-se negado o direito das mulheres de dizer "não", sendo a violência o resultado da conversão do "não" em "sim", assumindo-se o consentimento com base em determinados corpos e comportamentos, ou mesmo do alto custo, em vários contextos, da recusa.[3]

Nossa conclusão é a de que, mais do que ideias concorrentes, "não" e "sim" não são excludentes, e sim duas faces da mesma moeda. Os debates sobre consentimento não devem se limitar a essas duas palavras-posições que escondem tanto quanto revelam.

---

3 S. Ahmed, *Setting The Table, Some Reflections on Why Tables Matter*, 2024.

> **'Não é não. Sim é sim.'**
> **E a ausência do 'não'**
> **NÃO implica um 'sim'.**

Recusa – o "não" – e autorização – o "sim" – caminham de mãos dadas, e nenhum dos dois representa exatamente a vontade, o desejo e o prazer. Em seu livro *Screw Consent: A Better Politics of Sexual Justice* [Dane-se o consentimento: uma política melhor de justiça sexual], o pesquisador Joseph J. Fischel argumenta que a mera presença do consentimento na forma da concordância, da autorização e da aceitação não garante que as interações sexuais sejam mutuamente prazerosas e gratificantes, e que as relações sexuais não se distinguem apenas entre prazerosas e violentas.

Segundo Fischel, a "primazia do consentimento nas políticas sexuais" pode ser uma retórica perigosa, que, ao confundir duas dimensões distintas – desejo e consentimento –, perde de vista a discussão sobre o prazer. Afinal, sexo não prazeroso, doloroso ou desconfortável não é sinônimo de violência, e centralizar os debates apenas no consentimento não contribui para a construção de relações mais prazerosas. Nesse sentido, o consentimento não deveria ser o principal regulador da sexualidade e da intimidade.

CONSENTIMENTO SEXUAL NÃO BASTA: A "CILADA DO CONSENTIMENTO"

O consentimento sexual não basta para que as relações sejam mutuamente prazerosas, respeitosas e gratificantes – tampouco é simples como chá ou batatas fritas, ou mesmo como "sim" e "não".

Comecemos falando da animação britânica "Consentimento é simples como chá", sobre a qual conversamos. O vídeo dessa campanha traz consigo uma metáfora que visa simplificar um assunto complexo. Embora o resultado seja acessível, simpático e bem-intencionado, não toca em questões fundamentais relacionadas ao sexo, pois não são situações sociais equivalentes.

Vamos pensar em situações práticas. Beber chá não é uma atividade associada à vida íntima e privada, que deve ser mantida em segredo e cuja exposição pública pode trazer prejuízos severos para a vida de alguém.

Da mesma forma, não existem estereótipos de gênero rígidos relacionados a beber chá: não há expectativas ou convenções sociais que indiquem que pessoas casadas devem sempre aceitar o chá que o parceiro oferece, nem o parceiro ficaria com raiva se a pessoa recusasse o chá.

Nem existe, quanto ao consumo de chá, uma dupla moral que muitas vezes condena as mulheres pelos mesmos comportamentos que aplaude nos homens: as mulheres não são moralmente avaliadas por beberem chá nem pela quantidade de chá que bebem ou pela frequência com a qual fazem isso.

Por mais adorável e atrativo que seja o vídeo do chá, ele também traz a premissa – equivocada – de que sexo é algo que se faz e oferece a alguém, e não algo que se vivencia, compartilha e negocia.

Podemos e devemos fazer uma desconstrução semelhante quando se trata do modelo das batatas fritas (FRIES): aquele segundo o qual o consentimento é livre, revogável, informado, entusiasmado e específico.

Já dissemos que situações de violência sexual não se encaixam totalmente nos clichês que temos presentes em nosso imaginário: por exemplo, o da mulher que se debate contra o agressor e tem seu corpo fisicamente machucado. O mesmo pode ser dito sobre nossas expectativas de um consentimento ideal, com comunicação perfeita, sem ruídos, sem mal-entendidos e com resultados apenas prazerosos.

Um dos principais complicadores da "cilada do consentimento", isto é, da crença na ideia do consentimento como solução para nossos problemas a respeito das violências sexuais, é que esse conceito se baseia na noção de que as pessoas possam estar em condições semelhantes de conhecimento, autonomia e poder para expressar perfeitamente suas vontades e seus desejos.

Consentimento, em seu modelo ideal, pressupõe condições iguais de negociação. Quando a consequência para o "não" se torna um fardo, seja emocional ou material, podemos considerar o consentimento livre e, portanto, legítimo? Quão livre cada pessoa pode realmente ser em meio a desigualdades sociais, raciais, econômicas e culturais tão brutais quanto as que vivemos em nosso cotidiano?

Existem alguns contextos de desigualdades tão extremas – como situações de pobreza, guerras, conflitos armados e outras formas de violência – que dificultam ou mesmo impossibilitam construir e garantir consentimentos minimamente aceitáveis. Desigualdades condicionam e restringem fortemente as escolhas, e nem todo mundo pode recusar de forma livre.

Certas desigualdades e violações forçam escolhas contrárias às vontades e ao bem-estar das pessoas. Uma mulher em situação de violência doméstica que está sendo ameaçada ou vivendo em contexto de pressão psicológica pode consentir com uma situação indesejada, mas apenas por medo de dizer "não". Em sua definição, o consentimento pressupõe liberdade para recusar, tendo sua vontade acatada sem represálias.

Quão livres podemos ser em meio a papéis, normativas e expectativas de gênero que colocam nas mulheres, com frequência, pressão para agradar seus parceiros, ou mesmo para colocar a vontade dos outros acima de sua própria, dificultando – e quase impossibilitando – que se diga "não"?

Diante das desigualdades de gênero e dos papéis sociais atribuídos a homens e mulheres, frequentemente se ensina a meninas e mulheres que o exercício ideal da feminilidade estaria associado a privilegiar a vontade do parceiro em detrimento da sua própria. Outras desigualdades hierárquicas, como aquelas entre lideranças e subordinados no trabalho, também impossibilitam que a recusa não tenha consequências.

Em muitas circunstâncias, o consentimento pode ser forçado, intimidado e manipulado. Chamamos esse tipo de consentimento de "consentimento viciado", pois está comprometido por coação, coerção e pressão. Em situações de ameaça ou uso de força, fraude, chantagem, abuso de poder, dependência ou vulnerabilidade, o consentimento de fato não representa a vontade das pessoas envolvidas.

E como o consentimento pode ser revogável, entusiasmado e específico? Por uma série de motivos, estando diversos deles associados à vontade de agradar, de corresponder às expectativas, à insegurança ou mesmo a dificuldades de entender e expressar suas vontades, muitas pessoas podem ter dificuldade em expressar-se verbalmente ou dar sinais claros de que não querem mais, e isso não significa que estejam de fato consentindo ou gostando. Podemos, inclusive, fingir entusiasmo para agradar ou não causar problemas.

Às vezes quero fazer algo, mas só até determinado ponto. Posso até querer tentar algo novo, mas, se eu não gostar, vou me sentir confortável em decepcionar meu parceiro? Que lugar damos para insinuações, provocações, cantadas, nuances e zonas cinzentas? Como interpretar sinais não verbais de parceiros?

Kate Lockwood Harris, pesquisadora e professora estadunidense, especialista em temáticas sobre direitos sexuais e consentimento, argumenta que, no afã de buscarmos soluções via consentimento, caímos em outra cilada: a dos "mitos da comunicação".[4]

Para Harris, os "mitos da comunicação" são pressupostos segundo os quais o discurso – aquilo que dizemos – apenas refletiria a nossa realidade mais íntima, apagando as dificuldades comunicacionais e de entendimento que são constitutivas da comunicação humana. Nomear sensações, desejos, vontades e incômodos é uma das ações mais difíceis, pois nossas falas e nossos comportamentos são sempre contextuais e permeados por ambivalências, interpretações e negociações. Não há clareza comunicacional absoluta.

Um exemplo prático dessa questão é a dificuldade que temos ao tentar dizer para alguém algo que nos envergonha ou nos é muito íntimo, mesmo que seja uma pessoa com quem temos intimidade. Também sabemos como é difícil dizer algo negativo ou que pode causar uma reação negativa para alguém de quem gostamos muito ou a quem desejamos agradar. Podemos citar, igualmente, a dificuldade em nomear uma vontade ou desejo que ainda não estão claros para nós. Os obstáculos são muitos. Conhecer, nomear e perseguir vontades e desejos não são comportamentos fáceis.

Interações humanas não são só marcadas por vontades convictas e por certeza – há hesitação, medo e constrangimento. Não é inesperado que a insegurança esteja presente e faça parte do nosso rol de sensações ao lidarmos com experiências novas. Nossas vontades, escolhas e comunicações são ambivalentes, e isso é normal.

---

4 K.L. Harris, *Yes Means Yes and No Means No, But Both These Mantras Need to Go: Communication Myths in Consent Education and Anti-rape Activism*, 2018.

A suposta solução via consentimento se baseia em definições limitadas e limitantes de liberdade e consciência, as quais presumem que decisões são sempre tomadas por pessoas totalmente autônomas e racionais, obscurecendo as múltiplas maneiras pelas quais as pessoas são interdependentes e imersas em contextos sociais complexos e fluidos. Além do mais, é preciso que seja dito o que deve ser dito. Não se pode consentir que alguém viole seus direitos fundamentais, em especial o direito à integridade, ao bem-estar e à dignidade.

Limites entre contextos de coerção e de liberdade são difíceis de traçar. A posição das pessoas nesses contextos e nas relações nunca é fixa, mas borrada e mutável; portanto, conseguir traçar fronteiras claras entre situações de consentimento e de coerção tende sempre a ser um processo tenso e em disputa, bem como em eterna construção. Por isso, o consentimento não é dado de forma definitiva, mas negociado constantemente em contextos mutáveis e complexos.

Vale lembrar que o modelo das batatas fritas, assim como o do chá, repousa sobre a premissa de que o consentimento é algo que homens pedem e mulheres autorizam. Tal cenário coloca sobre as mulheres a responsabilidade de identificar, entender e nomear com clareza o que querem de uma interação sexual.

Essa exigência distribui de forma desigual as expectativas para a comunicação heterossexual entre mulheres e homens ao reforçar a tradição de inferir que homens desejam e iniciam o sexo e mulheres autorizam o sexo, considerando que as mulheres precisam responder às pistas não verbais dos homens (que se presume serem claras para as mulheres), enquanto os homens não têm responsabilidade de responder às pistas não verbais das mulheres (que se presume serem misteriosas para os homens).

Essa noção de "consentimento" simplifica o fato de que nossos desejos e sentimentos existem em relação a nossas emoções, a relações de poder, bem como a diferentes formas de expressar vontades, supondo que todas as pessoas são agentes racionais e autônomos, com desejos transparentes que podem e devem ser comunicados de forma transparente.[5]

---

5 E. Anderson, *Women in Philosophy: The Limits of Consent in Sexual Ethics*, 2019.

Em seu livro sobre os sentidos do estupro ao longo da história ocidental – *Rape: From Lucretia to #MeToo*, 2019 [Estupro: de Lucrécia ao #MeToo] –, a jornalista alemã Mithu Sanyal argumenta que, durante grande parte da história, "não" não indicava o desejo ou a vontade, mas apenas a condição das mulheres, uma vez que a força masculina e a relutância sexual feminina eram parte integrante da construção da sexualidade "normal" no contexto que se refere ao momento entre os séculos XVIII e XIX. Partia-se do pressuposto de que as mulheres sequer tinham desejo sexual – pelo menos as mulheres brancas europeias. Ou, se o tinham, este era muito pequeno.

Já que, então, as mulheres supostamente não tinham desejos sexuais próprios, cabia aos homens agir em prol dos seus, lançando mão de vários métodos, inclusive da violência. Embora essa possa parecer uma imagem muito distante das nossas crenças atuais sobre a sexualidade feminina e humana, esse imaginário está longe do senso comum que atribui ao homem o papel de iniciar uma interação sexual e à mulher o papel de aceitar ou não a iniciativa?

Os debates acerca do consentimento são necessários e desejáveis, mas insuficientes. Como sociedade, nós nos beneficiaríamos de conversas sobre alternativas quanto ao sexo, como cooperação, colaboração e parceria. Devemos abordar o sexo como uma experiência compartilhada, que envolve convite e vontade.

Por fim, precisamos salientar que, mesmo diante de situações em que todas as premissas do consentimento legítimo estejam presentes, o consentimento não garante que a interação sexual seja boa e desejada.

Sexo ruim e indesejado não é a mesma coisa que violência sexual. Consentimento não é sinônimo de vontade. Sexo indesejado não é a mesma coisa que sexo não consentido. No entanto, é muito comum que sexo ruim e sexo indesejado estejam relacionados e que aconteçam em situações nas quais o consentimento não expressa a vontade das pessoas envolvidas. É possível consentir a contragosto, sem vontade, por sentir que não há opção de dizer "não", para agradar, para não criar problema, por achar que é sua obrigação. Embora não ilegais ou criminosas, essas situações também são danosas e problemáticas, e devem nos interessar por esse assunto como sociedade.

Nosso propósito, neste livro, foi o de combinar rigor com clareza. Buscamos, com maior ou menor sucesso, ao invés de falar as coisas mais fáceis das formas mais difíceis, justamente o inverso: falar de coisas difíceis de formas mais fáceis. Acreditamos que viver é rasurar, ou melhor, escrever uma coisa, posteriormente perceber que não é bem assim, ou que há mais complexidades, e então rabiscar, rasurar e escrever outra coisa por cima. A vida, o conhecimento, o ativismo e as leis são compostos de camadas sobrepostas, de retalhos e fragmentos rasurados.

Buscamos argumentar, ao longo deste livro, que consentimento é um tema inescapável do nosso tempo, e que "sim" e "não" representam muito mais do que vocábulos nos debates sobre direitos e prazeres sexuais, sendo, ambos, pontos de partida para mudanças sociais desejadas e, a nosso ver, inevitáveis. No entanto, a conversa não termina aqui.

"Sim" e "não" estão demasiadamente centrados na ideia de obter consentimento no sentido de permissão para uma espécie de transação. **A mensagem subliminar da premissa de que consentimento é _algo que se consegue_ invisibiliza a mutualidade e a reciprocidade que deveria estar presente em interações sexuais.**

Acreditamos que o consentimento deva caminhar de mãos dadas com conversas sobre vontade, desejo, prazer e autonomia. Mais do que conseguir o "sim" e afastar o "não", consentimento envolve o que acontece antes, durante e depois, independentemente da resposta. Sexo não é algo que se faz a alguém, mas que se constrói com alguém, via respeito a desejos e autonomia.

Reivindicamos que ampliemos nossos vocabulários e nossas ideias sobre os direitos sexuais. Diferentemente do consentimento, a colaboração, por exemplo, tem a ver com uma ação conjunta que tenha uma finalidade e/ou objetivo em comum. No contexto das interações – e violações – sexuais, a colaboração pode trazer um novo paradigma de pensar relações pautadas na comunicação, na confiança e no prazer compartilhado.

Ao pesquisarmos exaustivamente o consentimento para construir este livro-diálogo, descobrimos algo que consideramos interessante. A etimologia da palavra consentimento, isto é, sua origem histórica, está no latim _consentire_, que pode ser descrito como "sentir com".

Nós nos perguntamos se essa reflexão não nos ajudaria a ampliar as definições, indo além de noções contratuais de "sim" e "não", recusa e autorização, um polo que pede e outro que aceita, caminhando na direção da sintonia de uma vivência compartilhada.

Será que tal aposta nos ajudaria a desenvolver habilidades sociais mais empáticas e a desaprender hábitos violentos? Se tentássemos ver o mundo a partir dos sentimentos e das experiências de nossos parceiros, **seríamos mais capazes de experimentar o sexo em sintonia?** Se ensinássemos os homens a tratar as mulheres como parceiras, e não como conquistas; se incentivássemos que a sexualidade feminina não fosse moralmente condenada e que mulheres não fossem publicamente envergonhadas por expor seus desejos, a sexualidade das mulheres correria menos perigo?

Acreditamos, em se tratando dos homens particularmente, que esse caminho possa apontar para a direção de conceber o sexo como algo que se faz junto, e não a alguém, levando em consideração a experiência alheia com a mesma importância que damos à nossa. Colaboração, sintonia e reciprocidade são sujeitos ocultos das conversas sobre consentimento, e sua ausência pode impedir que as pessoas se preocupem em dar atenção aos desejos e prazeres de seus parceiros e parceiras. Estamos convencidas de que esse é um dos caminhos pelos quais a nossa conversa deve seguir.

INFORMAÇÕES ÚTEIS

COMO AJUDAR UMA VÍTIMA DE VIOLÊNCIA SEXUAL?

Os momentos que se seguem a uma violência sexual podem ser pesados e assustadores. Na maior parte dos casos, as vítimas ficam emocionalmente vulneráveis quando decidem falar. Elas precisam de apoio, não de questionamentos. Entretanto, você não precisa ser um profissional de saúde mental para ajudar alguém que sofreu essa violação. Conheça dez maneiras a partir das quais você pode ser útil nessa situação:

1. Ainda que você esteja chocado/a ou indignado/a, mantenha a calma enquanto estiver com a vítima. Também fique atento/a para se comunicar com clareza e de maneira simples. Expressar emoções intensas ou falar de maneira rebuscada pode causar desconforto e deixá-la constrangida.
2. Deixe claro que você acredita no que ela está relatando; deixando claro, também, que a agressão sofrida não é culpa dela.
3. Tente evitar dizer à vítima o que ela deveria fazer. Busque fortalecê-la (por meio de informações adequadas, por exemplo) para que ela mesma possa tomar as decisões que julgar necessárias. Se ela quiser fazer uma denúncia, a apoie. Se ela não quiser, não a pressione.
4. Assegure à vítima o seu apoio e deixe claro que nada mudará no relacionamento de vocês em razão da experiência vivida. Muitas vítimas se sentem sujas, nojentas ou indignas de afeto em razão do ocorrido, e isso tem um reflexo nas suas relações.

5. Evite fazer ameaças contra o suspeito, ou mesmo comentários sobre suas motivações e seus comportamentos. Isso pode fazer com que a vítima se preocupe com a sua segurança e fique ainda mais nervosa.

6. Esteja disponível para que a vítima expresse como está se sentindo sem que exista um julgamento. Talvez ela queira chorar e gritar, ou talvez apenas permanecer em silêncio. Permita que isso aconteça.

7. Deixe a vítima decidir a quem contar sobre a agressão, mas incentive a procura por acolhimento ou aconselhamento adequados. Por exemplo, através de terapia com profissionais habilitados, se possível.

8. Não prometa o que você não pode garantir. Por exemplo, nunca diga à vítima que tudo será resolvido rapidamente ou que o seu agressor será preso.

9. Seja paciente e reconheça que o processamento da experiência de violência pode levar anos e costuma ser marcado por avanços e retrocessos.

10. Nunca encoste na vítima sem antes perguntar se isso é apropriado. Perguntar, por exemplo, "posso te dar um abraço?" pode restabelecer a sensação de segurança, proteção e controle da vítima.

11. Se esta vítima for uma criança ou adolescente, busque informações sobre a melhor maneira de proceder, uma vez que estão em condição especial de desenvolvimento, precisando do apoio, orientação e proteção de nós adultos.[1]

---

1 O Ministério Público do Distrito Federal preparou um manual para orientar pessoas em como agir diante de relatos de violência sexual envolvendo crianças e adolescentes. Você pode acessá-lo aqui: <https://www.mpdft.mp.br/portal/index.php/conhecampdft-menu/nucleos-e-grupos/nevesca/3131-como-agir>.
Se você é um/a educador/a ou trabalha diretamente com educação, o Ministério da Educação elaborou, em 2023, o "Guia Escolar: Métodos para identificação de sinais de abuso e a exploração sexual em crianças e adolescentes", que pode ser acessado em seu portal.

Escutar × Ouvir

Escutar é diferente de simplesmente ouvir. Ouvir é um processo sensorial automático de percepção de sons, que pode não envolver esforço ou atenção. Já escutar é uma forma de estabelecer conexões, que exige atenção concentrada, intenção e esforço consciente para compreender. A escuta ativa, ou interessada, de um relato de violência exige que nos coloquemos disponíveis para entender vivências, sentimentos e pontos de vista diferentes daqueles que carregamos conosco. Não precisamos ser especialistas ou profissionais da área, podemos ser rede de apoio, acolhimento e informações de qualidade. Munir-se de informações de qualidade sobre serviços de atendimento e proteção pode ser outra forma eficiente de apoiar vítimas.

Por fim, é preciso lembrar: tudo isso só é possível se você, antes, estiver cuidando – ou se propuser a cuidar – de si mesmo/a. Não podemos oferecer ao outro aquilo que não temos.

DIREITOS DAS VÍTIMAS E LEI DO MINUTO SEGUINTE

No Brasil, vítimas de violência sexual possuem uma série de direitos que devem ser garantidos pelas autoridades durante investigações e processos judiciais. Trata-se de uma normativa que, como mencionamos ao longo do livro, encontra grande dificuldade em ser implementada na prática. Contudo, acreditamos que quanto mais conhecemos nossos direitos fundamentais, mais ferramentas temos para cobrar as autoridades a fim de que eles deixem de ser normas redigidas em textos e passem a ser serviços e atendimentos disponíveis à população.

Por isso, é fundamental que todos/as os/as cidadãos/ãs brasileiros/as saibam que vítimas de violações têm direito a:[2]

- Informação: sobre medidas de assistência e apoio, andamento, rumo e etapas da investigação e a respeito de meios para obter ou consultar assistência jurídica;
- Participação: participar de todas as etapas do processo penal;
- Serem ouvidas: apresentar sua versão dos fatos para as autoridades competentes, tendo sua integridade física e psicológica resguardadas;
- Consulta ou assistência jurídica, que podem ser prestadas pelo Ministério Público, Defensorias Públicas, Organizações Não Governamentais (ONGs), Ordem dos Advogados do Brasil, universidades e faculdades, entre outros;
- Proteção e sigilo, quando necessário;
- Encaminhamento a programa de proteção, quando necessário;
- Tratamento profissional individualizado , incluindo assistência psicossocial;
- Reparação dos danos materiais e morais.

---

2 Direito das Vítimas. Conselho Nacional do Ministério Público. Disponível em <https://www.cnmp.mp.br/defesadasvitimas/vitimas/direitos=-das-vitimas#:~:text-A%20v%C3%ADtima%20tem%200%20direito%20de%20receber%20assist%-C3%AAncia%20jur%C3%ADdica%20e,das%20investiga%C3%A7%C3%B5es%20e%20do%20processo>. Acesso em 30 jul. 2024.

Especificamente em situações de violência sexual, as vítimas têm direito a atendimento obrigatório e gratuito em todos os hospitais integrantes da rede do SUS. É o que diz a Lei nº 12.845/2013,[3] também conhecida como Lei do Minuto Seguinte, que considera violência sexual qualquer forma de ato sexual não consentido.

Nesse contexto, são considerados obrigatórios os seguintes serviços à vítima:

- Diagnóstico e tratamento das lesões físicas no aparelho genital e nas demais áreas afetadas;
- Amparo médico, psicológico e social imediatos;
- Facilitação do registro da ocorrência e encaminhamento ao órgão de medicina legal e às delegacias especializadas com informações que possam ser úteis à identificação do agressor e à comprovação da violência sexual;
- Profilaxia de gravidez e contra DSTs;
- Coleta de material para realização do exame de HIV;
- Preservação do material que possa servir de prova judicial contra o agressor (sob responsabilidade do médico e da unidade de saúde ou IML);
- Fornecimento de informações sobre os direitos legais e sobre todos os serviços sanitários disponíveis.

---

3 Lei nº 12.845/2012. Disponível em <https://www.planalto.gov.br/ccivil_03/_ato2011-2014/2013/lei/l12845.htm.>. Acesso em 30 jul. 2024.

Nunca é demais lembrar que, com frequência, não apenas em nosso país, mas em todo o mundo, são criados esforços legislativos e sociais que colocam os direitos sexuais e reprodutivos das mulheres em risco. Em abril de 2024, a ONU, através do Fundo de População das Nações Unidas (UNFPA)[4], divulgou um relatório preocupante sobre a desaceleração nos avanços da saúde sexual e reprodutiva das mulheres. Precisamos estar sempre atentas para defender direitos já constituídos, bem como a ampliação da autonomia sobre nossos corpos.

O acesso de meninas e mulheres ao serviço de aborto legal é um direito garantido por lei para dois tipos de casos: quando há risco para a vida da mãe ou quando a gravidez é fruto de estupro, conforme o artigo 128 da Lei n. 2.848/1940. Também nos casos de feto anencéfalo, desde 2012 o STF autoriza a interrupção da gestação a pedido da gestante, sem que isso configure crime.

---

4 Fundo de População das Nações Unidas (UNFPA), *Situação da População Mundial 2024 – Vidas entrelaçadas, fios de esperança: Acabando com as desigualdades na saúde e nos direitos sexuais e reprodutivos*, 2024.

ALGUNS CANAIS DE DENÚNCIA E ACOLHIMENTO EM CASOS DE VIOLÊNCIA CONTRA MULHERES E MENINAS[5]

Ligue 180

Serviço de atendimento às mulheres, de orientação e encaminhamento de denúncias de violências contra mulheres. A ligação é gratuita, pode ser anônima, e o serviço funciona 24 horas por dia. O atendimento é feito tanto a mulheres em situação de violência quanto a testemunhas.

Também é possível ser atendido pelo WhatsApp, basta enviar mensagem para o número (61) 9610-0180.

Disque 100

O Disque Direitos Humanos (Disque 100) é um serviço de disseminação de informações sobre direitos de grupos vulneráveis e de denúncias de violações de direitos humanos. O Disque 100 recebe, analisa e encaminha denúncias de violações de direitos humanos relacionadas a crianças e adolescentes, pessoas idosas, pessoas com deficiência, população LGBTQIA+, entre outros.

O serviço funciona diariamente, 24 horas, incluindo sábados, domingos e feriados. As ligações podem ser feitas de todo o Brasil por meio de discagem direta e gratuita, de qualquer terminal telefônico fixo ou móvel, bastando discar 100.

---

5 Informamos que as informações apresentadas foram reunidas em julho de 2024, e mudanças em relação aos serviços e às políticas podem ocorrer.

Delegacias Especializadas (Mulher, Criança e Adolescente)
As delegacias especializadas são unidades policiais especializadas no atendimento de violências cometidas contra as mulheres. Nelas é possível registrar ocorrências e solicitar as medidas protetivas previstas pela Lei Maria da Penha em caso de violência doméstica e familiar. O Brasil conta com cerca de quatrocentas delegacias especializadas, ou seja, menos de 10% de nossos municípios possuem o serviço. Lembramos, sempre, que qualquer crime pode e deve ser registrado em delegacias comuns.

A organização AzMina fez um levantamento nacional das delegacias especializadas, que você pode encontrar aqui:

Em alguns estados, existem delegacias especializadas em crimes contra crianças e adolescentes.

CRAM – Centro de Referência de Atendimento à Mulher
Mulheres em situação de violência podem ser acompanhadas por uma equipe multidisciplinar que oferece serviços psicológicos, socioassistenciais e jurídicos.

Em locais onde não haja CRAMs disponíveis, as mulheres podem ser atendidas em Centro de Referência Especializado de Assistência Social (Creas), unidades públicas da política de Assistência Social em que são atendidas famílias e pessoas que estão em situação de risco social ou tiveram seus direitos violados.

Casa da Mulher Brasileira

Espaço de atendimento gratuito e 24 horas que integra diferentes serviços às mulheres vítimas de violência: Delegacia de Proteção à Mulher, juizado e varas especializados, Ministério Público e Defensoria Pública, alojamento. Atualmente, há dez delas em atividade no país, distribuídas em Campo Grande–MS, Fortaleza –CE, Ceilândia–DF, Curitiba–PR, São Luís–MA, Boa Vista–RR, São Paulo–SP, Salvador–BA, Teresina–PI e Ananindeua–PA.

Saiba mais:

Ouvidoria das Mulheres – Conselho Nacional do Ministério Público (CNMP)

O órgão tem por objetivo principal estabelecer um canal especializado de recebimento e encaminhamento às autoridades competentes das denúncias relacionadas à violência e à violação de direitos contra mulheres, sendo responsável por ações de prevenção, proteção e encaminhamento para apuração de violência ou violações de direitos contra mulheres.

Saiba mais:

As denúncias recebidas pela Ouvidoria das Mulheres do CNMP são analisadas pelos/as integrantes do Ministério Público, que poderão encaminhar essas denúncias para as respectivas autoridades competentes para atuar no caso.

Contato telefônico: (61) 3315-9468 / 3315-9467
WhatsApp: (61) 3366-9229

A maioria dos Ministérios Públicos estaduais também conta com ouvidorias das mulheres em seus territórios.

Núcleo de Atendimento às Vítimas – Ministério Público
Alguns Ministérios Públicos estaduais contam com Núcleos de Atendimento às Vítimas, são eles: Acre, Ceará, Distrito Federal, Mato Grosso do Sul, Mato Grosso, Paraná, Pernambuco, Santa Catarina, São Paulo e Tocantins.

Os Núcleos de Atendimento às Vítimas são serviços especializados e multidisciplinares que acolhem as vítimas e seus familiares, prestando orientação jurídica e apoio psicológico iniciais.

Núcleos e Defensorias Especializadas de Atendimento à Mulher – Defensoria Pública
Os Núcleos e as Defensorias Especializadas de Atendimento à Mulher fornecem atendimento jurídico a mulheres em situação de violência, sendo responsáveis por prestar orientação jurídica e defesa em juízo, em todos os graus, para as cidadãs de baixa renda. Cada estado possui seus núcleos especializados.

INSTITUTOS E INICIATIVAS DE DADOS E APOIO

Instituto Liberta
Organização social voltada para conscientização e comunicação da realidade das violências sexuais contra crianças e adolescentes.

Saiba mais:

Mapa do Acolhimento
A organização sem fins lucrativos, presente em todos os estados do Brasil, fornece atendimento jurídico e psicológico a mulheres cis, trans e travestis vítimas de violência a partir de 18 anos.

Saiba mais:

Mapa da Saúde Mental para Mulheres
Iniciativa que reúne informações sobre os serviços de atendimento psicológico gratuito ou a valores acessíveis para mulheres.

Saiba mais:

Dossiê: Violência Contra as Mulheres. Direitos, responsabilidades e serviços para enfrentar a violência. Instituto Patrícia Galvão
O dossiê digital reúne um banco de fontes de especialistas e de pesquisas com dados e estudos sobre a violência contra as mulheres no Brasil. O Instituto Patrícia Galvão é uma organização feminista brasileira focada na defesa dos direitos das mulheres por meio de pesquisas e ações na mídia.

Saiba mais:

175

SaferNet Brasil

A SaferNet Brasil é uma organização que atua na promoção e defesa dos Direitos Humanos na internet. Ela conta com uma *hotline*, um serviço de recebimento de denúncias anônimas de crimes e violações contra os direitos humanos na Internet.

Além de denúncias, a organização disponibiliza também uma *helpline*, canal online gratuito que oferece orientação de forma pontual e informativa para esclarecer dúvidas sobre segurança na Internet e como prevenir riscos e violações.

"

O consentimento deve caminhar de mãos dadas com conversas sobre vontade, desejo, prazer e autonomia.

"

REFERÊNCIAS

ABBEY, A. et al. Alcohol and sexual assault. *Alcohol Research & Health*, v. 25, n. 1, p. 43-51, 2021.

ABDULALI, S. *Do que estamos falando quando falamos de estupro*. Belo Horizonte: Vestígio, 2019.

AGÊNCIA PATRÍCIA GALVÃO. "Violência sexual e suas intersecções com o racismo, a LBTIfobia e o capacitismo". *Dossiê Violência Sexual*, Agência Patrícia Galvão. Disponível em <https://dossies.agenciapatriciagalvao.org.br/violencia-sexual/tipos-de-violencia/multiplas-violacoes-sexuais-contra--mulheres-negras-indigenas-e-lgbtts/>. Acesso em 19 jun. 2024.

AHMED, S. Setting The Table, Some Reflections on Why Tables Matter. *Feministkilljoy*, 2024. Disponível em <https://feministkilljoys.com/2017/06/30/no/>. Acesso em 10 abr. 2024.

ALMEIDA, H. B. de. From Shame to Visibility: Hashtag Feminism and Sexual Violence in Brazil. *Sexualidade, Salud e sociedad*, Rio de Janeiro, v. 33, p. 19-41, 2019.

ANDERSON, E. Women in Philosophy: The Limits of Consent in Sexual Ethics. *Blog Apa online*. Disponível em <https://blog.apaonline.org/2019/04/24/women-in-philosophy-the-limits-of-consent-in-sexual-ethics/#:~:text=The%20problem%20with%20the%20traditional,of%20power%2C%20and%20the%20like>. Acesso em 10 abr. 2024.

ANDRADE, R. de O. Antídotos contra o assédio: universidades brasileiras criam políticas de combate à importunação e à violência sexual. *Revista Fapesp*, ed. 312, fev. 2022.

ANGEL, K. *Amanhã o sexo será bom novamente*: mulheres e desejo na era do consentimento. Rio de Janeiro: Bazar do Tempo, 2023.

BEAUVOIR, S. *O segundo sexo*. Trad. Sérgio Milliet, Rio de Janeiro: Nova Fronteira, 2009.

BIONI, B.R. *Proteção de dados pessoais: a função e os limites do consentimento*. Rio de Janeiro: Forense, 2020.

BIROLI, F. "Democracia e tolerância à subordinação: livre-escolha e consentimento na teoria política feminista". *Revista de Sociologia e Política*, v. 21, n. 48, p. 127-142, 2013.

BRASIL. Senado Federal. *Mapa nacional da violência de gênero*. Disponível em <https://www9qs.senado.leg.br/extensions/violencia-genero-mashup/index.html#/registros-sus/dados-gerais>. Acesso em 10 abr. 2024.

_____. *Pesquisa Nacional da Violência Contra a Mulher*, 2023. Disponível em <https://www12.senado.leg.br/institucional/omv/pesquisanacional#:~:text=O%20Instituto%20de%20Pesquisa%20DataSenado,de%20Viol%-C3%AAncia%20contra%20a%20Mulher. Acesso em 19 jul. 2024.

BURT, M. R. "Cultural Myths and Supports for Rape". *Journal of Personality and Social Psychology*, v. 38, n. 2, p. 217-230, 1980.

CALIFÓRNIA. *SB-967 Student Safety*: Sexual Assault. 2014. Disponível em <http://leginfo.legislature.ca.gov/faces/billNavClient.xhtml?bill_id=201320140SB967>. Acesso em 9 set. 2023.

CAPPICCIE, A. e WYATT, R. The Rape Culture and Violence Legitimization Model: Application to Disney's Maleficent. *Journal of Teaching in Social Work*, v. 41, n. 1, p. 77-93, 2021.

CHAKIAN, S. "A palavra da mulher vitima de violência sexual", in PIMENTEL, S.; PEREIRA, B. e MELO, M., *Estupro: perspectiva de gênero, interseccionalidade e interdisciplinaridade*. Rio de Janeiro: Lumen Juris, 2018.

CHAKIAN, S. *Construção dos direitos das mulheres*. Rio de Janeiro: Lumen Juris, 2020.

CONVENÇÃO DE ISTAMBUL. *Convenção do Conselho da Europa para a Prevenção e o Combate à Violência Contra as Mulheres e a Violência Doméstica*. Série de Tratados do Conselho da Europa, n. 210, 2011.

DAVIS, A. "Estupro, racismo e o mito do estuprador negro", in DAVIS, A. *Mulheres, raça e classe*. São Paulo: Boitempo, 2016. p. 177-205.

END VIOLENCE Against Women Coalition. Attitudes to Sexual Consent, *YouGov*, 2018. Disponível em <https://www.endviolenceagainstwomen.org.uk/

wp-content/uploads/1-Attitudes-to-sexual-consent-Research-findings-
-FINAL.pdf>. Acesso em 10 abr. 2024.

FEDERICI, S. *Mulheres e a caça às bruxas.* Trad. Heci Regina Candiani. São
Paulo: Boitempo, 2019.

FEIXA, C. *De la generación@ a la #generación*: la juventude em la era digital. Barcelona: Ned Ediciones, 2014.

FERNANDES, C. et al. "As porosidades do consentimento. Pensando afetos e
relações de intimidade". *Sexualidad, Salud y Sociedad*, Rio de Janeiro, n. 35,
p. 165-193, 2020.

FIBE, C. *João de Deus: o abuso da fé*. Rio de Janeiro: Globo Livros, 2021.

FISCHEL, J.J. *Screw consent*: a better politics of sexual justice. University of California Press, 2019.

FLORES, A.R. et al. "Gender Identity Disparities in Criminal Victimization:
National Crime Victimization Survey, 2017-2018". *Am J Public Health*,
v. 111, n. 4, p. 726-729, abr. 2021.

FORBES. *#Me Too*: McKayla Maroney Says She Was Among the Many Molested
by USA Gymnastics Team Doctor. 2017. Disponível em <https://www.for-
bes.com/sites/bobcook/2017/10/18/metoo-mckayla-maroney-says-she-
-was-among-the-many-molested-by-usa-gymnastics-team-doctor/?sh=-
1955c2f63418>. Acesso em 10 abr. 2024.

FÓRUM BRASILEIRO DE SEGURANÇA PÚBLICA, *Anuário brasileiro de segurança
pública 2024*, São Paulo, 2024. Disponível em https://forumseguranca.org.br/
wp-content/uploads/2024/07/anuario-2024.pdf>. Acesso em 19 jul. 2024.

GLEESON, K. e LUMBY, C. (eds). *The Age of Consent*: Young People, Sexual
Abuse and Agency. Crawley, Western Australia: UWA Publishing, 2019.

GONZALEZ, L. *Por um feminismo afro-latino-americano*: ensaios, intervenções e
diálogos. Organização de Flavia Rios, Márcia Lima. 1ª ed. Rio de Janeiro:
Zahar, 2020.

GREGORI, M.F. *Prazeres perigosos: erotismo, gênero e limites da sexualidade*. São
Paulo: Companhia das Letras, 2016.

GROSS, B. False Rape Allegations: An Assault on Justice. *The Forensic Examiner*,
Springfield, v. 18, 1ª ed., 2009, p. 66-70.

HARRIS, K. L. "Yes Means Yes and No Means No, But Both These Mantras
Need to Go: Communication Myths in Consent Education and Anti-rape
Activism", *Journal of Applied Communication Research*, 2018. Disponível

em <https://www.tandfonline.com/doi/full/10.1080/00909882.2018.143 5900>. Acesso em 10 abr. 2024.

HASINOFF, A. *Sexting Panic*: Rethinking Criminalization, Privacy, and Consent. Champaign, Illinois: University of Illinois Press, 2015.

HEGARTY, K. e TARZIA, L. Identification and Management of Domestic and Sexual Violence in Primary Care in the #MeToo Era: an Update. *Curr Psychiatry Rep.*, v. 21, n. 2, fev. 2019.

JOHNSON, N.L. e JOHNSON, D. M. An Empirical Exploration Into the Measurement of Rape Culture. *Journal of Interpersonal Violence*, v. 36, 1-2, 2021. Disponível em <https://pubmed.ncbi.nlm.nih.gov/29294924/>. Acesso em 10 abr. 2024.

KEATING, A. e MURPHY, J. "Women and media in the twenty first century". *Alphaville: Journal of Film and Screen Media*, n. 10, v. 1, p. 1-11, 2015.

KOSS, M. P. "Hidden Rape: Sexual Aggression and Victimization in a National Sample of Students in Higher Education", in BURGESS, A.W., *Rape and Sexual Assault*. Nova York: Garland, 1988, p. 325. v. 2.

LÉON, K. e JACKSON, H-B. "Why we Made 'Yes Means Yes' California Law", *Washington Post*, 2015. Disponível em <https://www.washingtonpost.com/news/ in-theory/wp/2015/10/13/why-we-made-yes-means-yes-california-law/ ?noredirect=on>. Acesso em 9 set. 2023.

LINS, B.A. "Violências invisíveis? Uma contribuição antropológica sobre a violência psicológica na Lei Maria da Penha", in SARRUBBO, M.L. et al. *Ministério Público Estratégico*, Volume 9: tutela da vítima. Editora Foco, 2024.

_____. *A lei nas entrelinhas*: a Lei Maria da Penha e o trabalho policial. 1ª ed. São Paulo: Unifesp, 2018.

_____ . *Caiu na net*: nudes e exposição de mulheres na internet. Rio de Janeiro: Editora Telha, 2021.

LISAK, D. et al. False allegations of sexual assault: an analysis of ten years of reported cases. *Violence Against Women,* v. 12, n. 12, dez. 2010, p. 1318-1334. Disponível em <https://pubmed.ncbi.nlm.nih.gov/21164210/>. Acesso em 10 abr. 2024.

LOWENKRON, L. "Consentimento e vulnerabilidade: alguns cruzamentos entre o abuso sexual infantil e o tráfico de pessoas para fim de exploração sexual". *Cadernos Pagu*, n. 45, p. 225-258, jul./dez. 2015.

MANNE, K. *Down girl*: the logics of misogyny. Londres: Penguin, 2019.

NEGREIROS, A. *A vida nunca mais será a mesma*: cultura da violência e estupro no Brasil. Rio de Janeiro: Objetiva, 2021.

NELSON, L. "9 Stories that Show How Badly Colleges Handle Sexual Assault on Campus", *Vox*, dez. 2014. Disponível em <https://www.vox.com/2014/12/7/7349523/campus-rape-uva-title-ix>. Acesso em 10 abr. 2024.

NUCCI, G. "João de Deus – estupro ou violação sexual mediante fraude?". *Consultor Jurídico*, 28 dez. 2018. Disponível em <https://www.conjur.com.br/2018-dez-24/nucci-joao-deus-estupro-ou-violacao-sexual-mediante-fraude/>. Acesso em 30 jul. 2024.

O GLOBO. "Caso Robinho volta ao STJ: relembre o que grampos na Itália revelaram sobre estupro", *O Globo*, Rio de Janeiro, 16 ago. 2023. Disponível em <https://oglobo.globo.com/esportes/noticia/2023/08/16/caso-robinho--volta-ao-stj-relembre-o-que-grampos-na-italia-revelaram-sobre-estu-pro.ghtml>. Acesso em 10 abr. 2024.

ORGANIZAÇÃO DAS NAÇÕES UNIDAS. ONU. *Por que falamos de cultura do estupro*, 31 maio 2016. Disponível em <https://brasil.un.org/pt-br/73204-por-que-falamos-de-cultura-do-estupro>. Acesso em 4 jul. 2024.

POPOVA, M. *Sexual consent*. Cambridge, MA: MIT Press, 2020.

ROSA, C.E. da e SOUZA, J.F. de. *Violência/abuso sexual contra meninos*: masculinidades e silenciamentos em debate. *Pesquisa em foco*, São Luís, v. 25, n. 2, jul./dez. 2020. Disponível em <http://ppg.revistas.uema.br/index.php/pesquisa_em_foco>. Acesso em 10 abr. 2024.

SANYAL, M. *Rape*: From Lucretia to #MeToo. Londres: Verso, 2019.

SCARPATI, A.S. *Os mitos de estupro e a (im)parcialidade jurídica*: a percepção de estudantes de Direito sobre mulheres vítimas de violência sexual. (Dissertação) – Mestrado pelo Programa de Pós-graduação em Psicologia, Universidade Federal do Espírito Santo, Vitória, Espírito Santo, 2013.

_____, A.S. Scarpati e A. Pina, Cultural and Moral Dimensions of Sexual Aggression: The Role of Moral Disengagement in Men's Likelihood to Sexually Aggress. *Aggression and Violent Behavior*, v. 37, p. 115-121, 2017.

_____ e PINA, A., "Cultural and Moral Dimensions of Sexual Aggression: The Role of Moral Disengagement in Men's Likelihood to Sexually Aggress". *Aggression and Violent Behavior*, v. 37, p. 115-121, 2017.

SMITH, M.D. *Encyclopedia of Rape*. Greenwood, 2004. p. 174.

SOLNIT, R. *A mãe de todas as perguntas*: reflexões sobre os novos feminismos. São Paulo: Companhia das Letras, 2017.

STEINEM, G. e KIMMEL, M. 'Yes' is better than 'No'. *The New York Times*, 2014. Disponível em <https://www.nytimes.com/2014/09/05/opinion/michael-kimmel-and-gloria-steinem-on-consensual-sex-on-campus.html>. Acesso em 10 abr. 2024.

SUBNOTIFICAÇÃO, in *Dicionário Priberam da Língua Portuguesa*. Disponível em <https://dicionario.priberam.org/subnotifica%C3%A7%C3%A3o>. Acesso em 10 abr. 2024.

TAMBE, A. "Reckoning with the Silences of #MeToo", *Feminist Studies*, v. 44, n. 1, 2018.

THAMES VALLEY POLICE. *Consent is everything*. Disponível em <https://www.thamesvalley.police.uk/police-forces/thames-valley-police/areas/c/2017/consent-is-everything/>. Acesso em 10 abr. 2024.

THINK OLGA. *Primeiro Assédio*. 2018. Disponível em <https://olga-project.herokuapp.com/2018/01/31/ primeiro-assedio/>. Acesso em 10 abr. 2024.

UNICAMP. Regras e procedimentos para prevenção e acolhimento de queixas de violência baseada em gênero e sexo na Universidade Estadual de Campinas (Unicamp). Resolução GR-086/2020, de 07/08/2020. Disponível em <https://www.pg.unicamp.br/norma/22816/1>. Acesso em 10 abr. 2024.

VANCE, C. *Pleasure and danger*: exploring female sexuality. Routledge & kegan, 1985.

VICE. *New Report Reveals 20-Year Sex Abuse Scandal Across US Gymnastics Programs*. 2016. Disponível em <https://www.vice.com/en/article/gvqm7y/skandal-u-americkoj-gimnastici-deca-zlostavljana-20-godina>. Acesso em 10 abr. 2024.

VIGARELLO, G. *A History of Rape*: Sexual Violence in France from the 16th to the 20th Century. Polity Press, 2021.

WILIAMS, J.E. "Blackwell Encyclopedia of Sociology – Rape Culture", in RITZER, G. Blackwell *Encyclopedia of Sociology*. Cambridge Documentary Films, 2012.

ZIMMERMAN, E. "Campus Sexual Assault: A Timeline of Major Events", *The New York Times*, jul. 2016. Disponível em <https://www.nytimes.com/2016/06/23/education/campus-sexual-assault-a-timeline-of-major-events.html>. Acesso em 10 abr. 2024.

Este livro foi editado pela Bazar do Tempo na cidade de São Sebastião do Rio de Janeiro, em agosto de 2024, e impresso em papel Pólen bold 90 g/m² pela gráfica Leograf. Ele foi composto com as tipografias Flexa e Signifier.